中国导游执业宝典
中国旅行社协会导游专业委员会推荐用书

总 主 编：韩玉灵　熊剑平
副总主编：李岑虎　伍　欣　曹明洋　孙树伟
专家指导委员会主任：李　健
副主任：杨　磊

Congling Daoyi Chengwei Lüyou Wangluo Hongren
从0到1成为旅游网络红人

伍欣　彭士平　著

北京·旅游教育出版社

图书在版编目（CIP）数据

从0到1成为旅游网络红人 / 伍欣，彭士平著.
北京：旅游教育出版社，2025.6. -- ISBN 978-7-5637-4884-6

Ⅰ．F592.6

中国国家版本馆CIP数据核字第2025P1B422号

中国导游执业宝典

从0到1成为旅游网络红人

伍欣　彭士平　著

策　　划	丁海秀　李荣强
责任编辑	李荣强
出版单位	旅游教育出版社
地　　址	北京市朝阳区定福庄南里1号
邮　　编	100024
发行电话	（010）65778403　65728372　65767462（传真）
本社网址	www.tepcb.com
E－mail	tepfx@163.com
排版单位	北京旅教文化传播有限公司
印刷单位	北京柏力行彩印有限公司
经销单位	新华书店
开　　本	710毫米×1000毫米　1/16
印　　张	12
字　　数	197千字
版　　次	2025年6月第1版
印　　次	2025年6月第1次印刷
定　　价	68.00元

（图书如有装订差错请与发行部联系）

《中国导游执业宝典》
编委会、专家指导委员会

编委会

总 主 编：韩玉灵　熊剑平
副总主编：李岑虎　伍　欣　曹明洋　孙树伟

专家指导委员会

主　　任：李　健
副 主 任：杨　磊
委　　员：（按姓氏笔画为序）
　　　　　田　莹　李　刚　李　娌　张梿让　徐慧慧

出版说明

新时代新征程，旅游发展面临新机遇新挑战。导游作为旅游行业的重要组成部分，其专业素养和服务水平直接关系到旅游者的旅游体验和旅游业的整体形象。为了满足广大导游从业者提升自身专业能力的需求，同时也为了推动中国旅游行业高质量发展行稳致远，加快建设旅游强国，让旅游业更好地服务美好生活、促进经济发展、构筑精神家园、展示中国形象、增进文明互鉴，我社与中国旅行社协会导游专业委员会合作，推出了"中国导游执业宝典"系列丛书。

本丛书包括《研学旅行导游服务》《导游服务案例选评》《导游服务心理实战秘籍》《导游语言实战攻略》《从0到1成为旅游网络红人》等。总体来看，本丛书具有以下特色。

一、作者权威，知识准确

本丛书的作者或是来自各大院校导游专业的专家，或是各地的特级导游、国家金牌导游及其他知名导游。他们均拥有丰富的一线实践经验和扎实的知识功底，保证了丛书内容的准确性。

二、内容新颖，实用性强

丛书内容新颖，紧密围绕导游执业的实际需求，注重与导游行业的人才培养接轨，与旅游服务行业发展趋势保持一致。

一是丛书内容既体现了习近平总书记对旅游工作做出的重要指示，也体现了国家最新颁布的导游规范的相关要求，如《导游服务规范》（GB/T 15971—2023）《出境旅游领队服务规范》（LB/T 084—2022）等。

二是丛书内容力求一目了然，一看就懂，一学就会，能模仿，拿来就能用，力避晦涩理论，力避学究气息，为一线导游提供实实在在的技术指导。无论是新入行的导游还是经验丰富的资深导游，都能从中获得有价值的知识和技能。

三、案例教学，可操作性强

为方便使用，本丛书引入了大量案例。这些案例均来自导游一线，参考性强，真正做到以案例导入学习，以案例增进理解，以案例引导实操。

四、资源丰厚，拓展性强

本丛书以二维码的形式嵌入视频和拓展文字、图片，为读者提供了更加丰富的学习资料和更加直观的学习体验。读者可以通过扫描二维码，观看相关视频、阅读拓展资料，进一步加深对书中内容的理解。

本丛书不仅可以作为一线导游的实战宝典，还可以作为旅游培训机构用书，以及大中专院校教师学生的参考材料。

旅游教育出版社

2025 年 6 月

Contents 目 录

第一章　Z世代旅游的新机遇 / 1

 1　旅游市场环境变化带来的危与机 / 1

 2　Z世代新青年消费趋势 / 4

 3　紧跟消费趋势：做满足人性弱点的产品 / 7

第二章　遇见最好的自己 / 10

 1　做真实的自己实现自我价值 / 10

 2　兴趣特长决定你的发展方向 / 14

 3　深耕专业蓄能你的基层建筑 / 19

 4　行业平台势能助力你的腾飞 / 22

 5　商业模式赋能你能够走多远 / 25

 6　辐射范围放大你的个人影响力 / 29

 7　眼界格局决定你的生命周期 / 34

第三章　旅游红人的主流新媒体舞台 / 37

 1　微信：你的私域流量池 / 37

 2　微博：随时随地发现新鲜事 / 47

 3　抖音：记录美好生活 / 51

 4　小红书：标记我的生活 / 55

 5　B站：Z世代的精神家园 / 60

 6　携程、大众点评、马蜂窝 / 65

第四章　内容为王时代，创作内容定位 / 70

1　每个人都是行走的文旅传播者 / 70
2　内容输出好，流量翻倍长 / 72
3　视频创作好，播放量少不了 / 81
4　有价值的内容，有趣的内容 / 89
5　AI 赋能：智能工具提升创作效率与质量 / 94

第五章　从流量中来，到"留"量中去 / 101

1　用户 = 流量 = 你我 / 101
2　如何搭建运营你的流量池 / 106
3　精准挖掘你的铁粉 / 113
4　从公域到私域：情感连接一切 / 118
5　构建你的专属社交场 / 122
6　成交源自爱 / 127

第六章　旅游博主必知的穿搭拍摄干货技巧 / 130

1　常见旅游场景 OOTD / 130
2　整理你的行李箱 / 133
3　出行必备的 ins 博主拍照姿势 / 136

第七章　九大网络红人背后的故事 / 146

城市形象代言者——小黑诸鸣 / 146

文化传承者——房博 / 151

故宫传播者——曹震 / 155

旅游 KOL 第一人——嬉游急速菜菜 / 160

94 年的亿元创业者——彭士平 / 163

家庭与事业兼顾的能量宝妈——何平 / 168

简单相信，傻傻坚持——张毅 / 172

终身学习的斜杠时间管理大师——伍欣 / 176

本书的第九位网络红人——你！ / 180

第一章

Z 世代旅游的新机遇

● 导语

随着 Z 世代的崛起，他们独特的价值观和消费习惯正在重塑各个行业，旅游业也不例外。本章将带你深入剖析旅游市场环境的变化，探寻 Z 世代新青年的消费趋势，并教你如何紧跟这些趋势，创造出满足他们内心渴望的旅游产品。这不仅是一次对旅游市场未来走向的深刻洞察，更是一次把握商机、引领潮流的绝佳机会。让我们一起揭开 Z 世代旅游新篇章的神秘面纱吧！

1 旅游市场环境变化带来的危与机

1.1 危机四伏的市场环境

1.1.1 在线旅游预订——传统计调式微

在互联网时代之前，旅行社是连接旅游者和旅游服务提供商（如航空公司、酒店、旅游景点等）的重要中介。但随着在线预订平台的出现，旅游者可以直接通过这些平台预订机票、酒店和景点门票，导致旅行社的中介作用大大降低。在线旅游平台能让用户轻松比较不同供应商的价格，使得价格透明化。互联网还提供了大量的旅游信息，旅游者可以根据自己的兴趣和需求制订个性化的旅行计划。相比之下，旅行社提供的固定行程和团队旅行便无法满足部分旅游者的需求。因此越来越多的人选择在线预订的方式，计调的作用也就相对被削弱了。

1.1.2 智能旅游——传统导游式微

智能旅游是一种新兴的旅游方式，是利用人工智能和信息技术进行旅游活动规划和行程安排的一种方式。智能旅游无需依赖传统的导游，旅游者可以通过自己的手机或电脑在智能旅游平台上进行旅游规划，获得更加个性化的旅游路线和服务。智能旅游的出现改变了传统旅游市场的环境，许多旅游企业纷纷推出了智能旅游产品，比如自助旅游、旅游 App、VR 旅游等。这些产品在满足旅游者自由行和个性化需求的同时，也逐渐弱化了传统导游的角色。借助信息技术的优势，智能旅游能够随时随地为旅游者提供准确可靠的信息，比如景点介绍、交通路线、住宿信息等，智能旅游的出现对传统的旅游行业和导游造成了巨大的冲击。

1.1.3 旅游电商——传统销售式微

旅游电商是旅游业的一个重要发展趋势。旅游电商让旅游者不必再通过传统渠道预订旅游产品和服务，而是可以在网上自行选择和支付。这种方式有效打破了线下销售所引起的时间和地域限制，使旅游消费变得更加方便高效。

随着旅游电商的发展，旅游市场的环境也发生了变化，传统的旅游销售模式受到了冲击。旅游电商的出现使旅游产品和服务变得更加透明，消费者可以更容易地比较产品和服务的价格和质量，便于做出决策。

旅游电商减少了销售人员的参与环节，消费者可以直接从网站或 App 上预订旅游产品和服务。随着旅游电商的兴起，传统的旅游销售模式正在被颠覆，旅游市场的格局也在发生着深刻的变化。

1.1.4 信息抹平——传统旅行社式微

随着信息技术的发展，旅游市场信息流动更快速、透明，旅游消费者可以更加方便地获取相关的旅游信息和服务，同时旅游产品和服务标准化程度提高，消费者可自主选择，不再过度依赖旅行社的中介服务，这就是"信息抹平"。

信息抹平让旅游市场变得更为透明和公平。消费者可以通过互联网渠道轻松地比较各家旅行社的服务、产品、价格等，选择适合自己的旅游产品。此外，信息抹平也让旅游者可以通过在线预订、在线支付等方式，更加方便地完成旅游产品和服务的预订和消费。

随着信息技术的迅猛发展，信息抹平正在逐渐改变旅游市场的面貌，这意味着旅游者将拥有更加自由、便捷和透明的旅游选择和消费方式。旅行社如果不能改变运营方式，转向新的市场流通模式，发挥新业态的优势，便很难在市场竞争之中取胜。

1.2 危机一重，生机一重

作家木心在著作《素履之往》中有这样一句话："所谓无底深渊，下去，也是前程万里。"这句话的字面意思是：物极必反，当事物坏到一定程度时便会朝着相反的方向转化。不必为一时的得失太过忧虑，有时候我们只需要换个角度想想，既然已经是无底深渊了，便是到底了，以后的日子里迈出的每一步都是在向上走，走着走着直到前程万里。对于旅游市场如今的背景和环境而言，危机一重便意味着生机一重。

1.2.1 互联网时代的旅游市场新机遇

（1）个性化和定制化：随着消费者需求的多样化，必将会有越来越多的人追求个性化和定制化的旅行体验。旅游网红要积极为旅游者提供更加精细化、个性化和定制化的服务才能跟上市场潮流。

（2）深度体验旅游：消费者越来越注重旅行时的深度体验，包括文化、历史、风土人情等。因此旅游网红在自己的视频作品中要更加注重向粉丝输出真实的体验感受。

（3）科技驱动：大数据、人工智能、物联网、虚拟现实等新技术的应用正在改变旅游业的运作方式、提升服务效率。旅游网红也应该及时学习和掌握新技术并熟练运用。

（4）共享经济和平台化：共享经济和平台化经营模式在旅游市场中越来越受欢迎。

1.2.2 旅游网红个人的新机遇

（1）内容创作：旅游网红可以通过拍摄照片、视频、撰写游记等方式，分享他们的旅行故事和经验。社交媒体平台（如微博、抖音、小红书等）提供了展示的舞台，可以吸引大量粉丝关注。

（2）影响力变现：随着粉丝数量的增加，旅游网红的影响力也随之提升。因此可以与旅游行业相关企业合作，进行广告推广、产品代言等，从而实现经济收益。还可通过开设自己的线上商店，售卖旅游周边产品或者推出自己的旅游服务，以实现更多收入来源。

（3）定制旅行服务：旅游网红可以利用自己的专业知识和旅行经验，为粉丝提供定制旅行服务。这可能包括个性化的行程规划、私人导游、摄影服务等，以满足旅游者不同的需求。

（4）在线教育和培训：旅游网红可以开设线上课程、讲座等，教授粉丝如何拍摄旅行照片、规划旅行行程等技能。这样做既可以增加收入来源，也可以提高自己的行业知名度。

（5）旅游产品开发：旅游网红可以与旅游企业合作，共同开发新的旅游产品。例如，参与设计旅游路线、选择酒店、景点等，为旅游者提供更加独特和个性化的旅行体验。

（6）旅游活动策划：旅游网红可以运用自己的影响力和知名度，策划并组织各类旅游活动，如摄影比赛、主题线下活动等。

（7）旅游传播与推广：旅游网红可以利用自己的知名度和影响力，为不同地区的旅游资源开展宣传推广。

（8）社区运营：旅游网红可以建立和运营旅游社区，为旅游者提供一个交流和分享旅行经验的平台。这有助于建立稳定的粉丝群体，同时也为自己带来广告收益和合作机会。

互联网时代为旅游市场带来了新的趋势，同时也为旅游网红提供了很多发展机会。旅游网红可以充分利用这些机遇，提升自己的专业水平和影响力，实现个人价值和经济收益。

 阅后思考

也许你曾刷到过很多旅游网络红人的视频作品，也许你也沉迷过别人的旅行直播，也许你曾经悄悄地被种草，以至于收藏夹里多了很多目的地。试问怀揣着一身专业本领的你，是否想过有朝一日或许你也可以？

你认为 Z 世代与其他世代的旅游消费习惯有哪些显著不同？

这些不同点如何为旅游业带来新的机遇和挑战？

2 Z世代新青年消费趋势

"Z 世代"是一个网络流行语，指的是出生在 1995 年至 2010 年的人群。这一代人在成长过程中深受互联网、即时通信、短消息、MP3、智能手机和平板电脑等科技产物的影响，因此具有鲜明的数字化特征。根据国家统计局 2023 年 3 月发布的数据，中国数字用户中 Z 世代已占据总规模的近五成，他们也早已成为旅游市场的重要消费群体，消费观念和行为对旅游业产生了深远的影响。因此，旅游网络红人有必要了解 Z 世代的消费趋势。

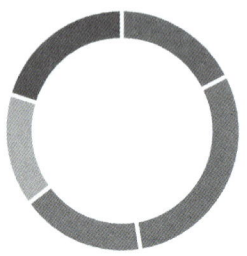

2.1 Z世代消费新动向

2.1.1 个性化和定制化

Z 世代重视个性化和定制化的旅行体验。他们倾向于寻找独特的目的地和活动，以满足自己的兴趣和需求。

2.1.2 科技驱动

Z 世代成长在数字化时代，对科技有着天然的亲和力。他们更喜欢使用手机

App、社交媒体等数字工具来搜索旅游信息、预订行程、分享旅行经历等。

2.1.3 社交媒体影响

Z 世代受到社交媒体的极大影响，他们会根据网红分享的资讯、朋友圈等推荐来选择旅游目的地和活动。旅游行业从业者需要重视社交媒体营销，提升自身品牌的知名度和影响力。

2.1.4 深度体验

Z 世代注重旅行的深度体验，他们更愿意深入了解当地的文化、历史、风俗等。旅游服务提供商应设计更具深度的旅游路线，以满足这一需求。

2.1.5 价值观导向

Z 世代的消费观念往往受到自己的价值观的影响。他们倾向于选择与自己价值观相符的旅游产品和服务。旅游行业从业者需要明确自身的价值观，吸引与之共鸣的消费者。

2.2 Z 世代消费者的消费习惯

2.2.1 短途旅行和周末游

Z 世代的生活节奏较快，他们更喜欢短途旅行和周末游，以放松身心和丰富生活。旅游行业从业者可以推出适合短期游玩的旅游产品，以满足他们的需求。

2.2.2 自助旅行

Z 世代更喜欢自助旅行，他们希望在旅行过程中保持自由、自主和灵活。旅游行业从业者需要提供自助游相关的支持和服务，如行程建议、当地向导等，以帮助他们规划和实现自助旅行。

2.2.3 精细化预算管理

Z 世代在旅行消费时，更注重性价比和精细化预算管理。他们会在各种旅游产品和服务中寻找最合适自己的选择。因此，旅游行业从业者需要提供具有竞争力的价格和多样化的选择，以吸引 Z 世代。

2.2.4 体验式消费

Z 世代更注重消费的体验，他们愿意为获得独特的体验而支付高价。旅游服务提供商可以开发具有体验性的旅游产品，如互动式景点、特色民宿等，以满足 Z 世代的需求。

2.3 数字化时代下的新消费场景

在数字化时代，Z 世代的新消费场景不断涌现。KIKI 是一位出生于 2000 年的 Z 世代大学生，同时也是一名拥有数万粉丝的抖音博主。她热爱旅行和探索新事物，善于利用自己的影响力分享旅行经历，吸引了众多粉丝的关注。某天，她在社交媒体上看到了一个风光秀丽的杭州周边小众景点，便决定利用即将到来的周末前往体验。

提前规划行程时，KIKI 与一家旅行用品品牌和一家旅游平台达成了合作。旅行用品品牌赞助了她所需的旅行装备，旅游平台为她提供了推广费，她只需在抖音上分享这次旅行的经历，把景点推荐给粉丝们。

周末，KIKI 踏上了旅程。抵达民宿觉得满意后，她便拍了照片将其分享到了抖音，并向粉丝们推荐了这家民宿和景点，同时附上了旅游平台的优惠码。第二天，KIKI 前往景点途中遇到了一位热情的当地向导，向导为她讲述了景点背后的历史和文化故事。KIKI 又通过视频将这次自己旅行的即时感受与体验分享给了抖音上的粉丝们。视频一经发布便获得了大量点赞和评论，粉丝们纷纷表示想要前往这个小众景点体验一番，便通过她分享的优惠码在旅游平台上预订了行程。每一笔订单，KIKI 都能获得一定的提成。旅行结束后，旅行用品品牌和旅游平台都对 KIKI 的推广效果非常满意，并决定与她继续合作。

随着时间的推移，KIKI 的抖音账号越来越受欢迎。她开始探索更多的小众旅游目的地，吸引了更多的粉丝。在小众旅游目的地赛道，她的分享内容也变得更加丰富多样，包括旅行攻略、民宿推荐、特色美食、当地文化等。

此外，KIKI 还发现了一些新的合作机会。一些景区和与旅行相关的企业纷纷找到她，希望她能为他们的产品和服务进行宣传。KIKI 慎重筛选了一些符合自己品味和价值观的合作伙伴，并与他们达成了长期合作关系。

在旅行过程中，KIKI 还结识了很多志同道合的朋友。她们一起分享旅行经历、探讨旅行心得，不仅丰富了彼此的生活，也为她们带来了更多的创意和灵感。有时，她还会组织线下的粉丝见面会，与粉丝们面对面交流，拉近彼此的距离。

这个故事展示了数字化时代下，Z 世代新青年如何利用科技手段和社交影响力，开拓新的旅行消费场景，实现个人价值和经济收益。在这个过程中，他们不仅传播了新的消费理念和价值观，也为旅游业带来了创新和发展。

2.4 如何吸引 Z 世代消费者

2.4.1 以用户为中心：吸引 Z 世代的品牌定义与营销

作为一名网络红人，应该从不同的角度考虑如何把自己塑造成符合 Z 世代新青年需求的品牌。要对自己的受众群体进行深入了解，分析年龄、性别、地域、喜好等因素，根据不同人群的需求，制定定制化的营销策略，让品牌更符合他们的口味。

2.4.2 社交媒体与数字化营销：吸引 Z 世代消费者的黄金法则

社交媒体是 Z 世代最活跃的平台，我们需要更好地利用它，以吸引这一用户群体。建立自己的社交媒体账号，发布有吸引力的内容，与用户互动并分享经验也是必要的。

Z世代通常采取更积极、更自由和更独立的角度看待品牌和营销信息，因此我们需要采用更加有意思和更简单直接的方式向他们传达信息。

2.4.3 个性化产品开发：主动适应Z世代的自我表达与追求

Z世代通常是更具有审美和个性化的一代人，最喜欢的是独特的设计风格，而且他们非常注重个性化的服务。因此，我们需要开发有针对性的旅游产品，来满足他们精益求精的需求。例如，针对Z世代的旅游产品可以结合音乐、设计、拍照等各种不同元素，以满足他们对创意体验和个性化的需求。

以用户为中心、个性化产品开发和社交媒体与数字化营销是吸引Z世代消费者的三大关键点。在当前高度数字化营销环境下，旅游网红也需要不断进化，以满足不断变化的市场需求，进一步拓展旅游市场，满足Z世代对个性和创意的需求。

除了Z时代，现在许多群体都深受网络影响，比如宝妈群体、中老年群体，思考一下这些群体会有什么样的特色，如何对症下药，打造吸引他们的网络风格。

在你看来，个性化旅游体验的核心是什么？

旅游业应如何创新以满足Z世代对个性化体验的追求？

3 紧跟消费趋势：做满足人性弱点的产品

3.1 人性弱点：解析人性弱点在消费中的作用

消费是人们日常生活中不可避免的一部分，而人性的弱点在消费中也发挥着重要的作用。对旅游网红而言，深入了解和分析人性弱点，对制定更创新有效的旅游营销策略至关重要。

3.1.1 心理阈值：满足消费者的感性需求

一个人最好的状态大概就是：兜里有钱，心里有爱，眼里有期待。

心理阈值在消费中具有重要作用。心理阈值是指人们从感觉、记忆、思考等层面对于情感的产生和认识。因此，想要推销旅游产品和服务，我们需要考虑消费者的情感和感性需求，并在产品和服务中融入足够的情感元素，如创意、文化和思想等，以提高产品的吸引力和个性化。在营销中，我们通常可以采用影像传达、文化体验、创意元素等手段，以更好地满足消费者的感性需求。

3.1.2 社交属性：利用社交属性推销产品

社交属性对于旅游产品的营销也至关重要。通过与消费者进行交流、分享、评价，并鼓励消费者在不同的社交媒体平台上交流和展示旅游体验，来提升旅游产品营销的口碑效应。我们可以利用消费者的社交属性，以产品为媒介，提高营销效率，并且通过社交媒体上的营销手段，增加消费者的互动和参与度。

3.1.3 懒惰心理：推行无摩擦消费，让消费者唾手可得

懒惰心理是指消费者在选择和购买商品时，会考虑到易用性、快捷性和无摩擦消费。每一天怎么玩？如何进行预约？在每个景点如何进行服装搭配，在什么场景用什么角度摆出什么姿势，能够拍出最美的照片？哪些餐厅有什么特色菜？我们可以制作各种保姆级的攻略和教程，做好踩雷红黑榜，帮助大家无脑出游。因此，为了吸引目标消费者，我们需要在旅游产品的设计、购买和消费过程中减少金钱和时间成本，并且力求精简旅游产品的选购、预订流程，提供一站式服务的种草渠道。

3.2 心灵共鸣：让产品满足消费者的情感需求

人性的弱点一定程度上代表了消费需求，而紧跟消费趋势就是要打造能够满足人性的新媒体产品，对症下药方是良策。如果能够了解人性的弱点并从做出符合人性的产品角度出发，才是用好了成功的法则。

3.2.1 提供富有情感的旅行体验

作为旅游网红，应该努力创造一种具有社交属性且让人充满情感的旅行体验。这可能包括向消费者推荐当地的美食、特色文化和重要景点等，同时在游记和视频中加入真实的情感和感受。这样可以让消费者更多地参与到旅行的体验中，激发他们的情感需求。

3.2.2 加强社交

旅游网红可以在网站或社交媒体页面上设置良好的社交功能，让消费者感到更亲近。例如，建立专属的微信群、使用私人微信与其他旅游者交流，或是参加定期组织的线上聚会，等等。通过这些社交功能可以增强和粉丝之间的互动，并为他们提供更多的社交机会。

3.2.3 在旅行之外，提供情绪价值

许多人出游并不仅仅是为了饱览祖国河山，有可能是因为失恋，有可能是因为与家人有矛盾，有可能是因为工作压力太大，想要散心。在旅行的过程中通过与旅游者不断地交流，帮助化解情绪。

3.2.4 找到重点需求，关注重点需求

传统旅游当中吃、住、行、游、购、娱六要素均存在，但现代人的旅游有许多仅专注于其中的一个要素，例如为了品尝美食，专门赴一座城，为了休闲住宿，专门赴某民宿度假。我们在设计产品或进行推荐的时候，只要针对其重点需求，反复强调重点需求即可。

以上这些技巧可以让消费者获得更好的旅游体验，从而扩大旅游网红自身的影响力，同时也可以加强消费者的信任和忠诚度。

阅后思考

网红最突出的优势便是社交属性，你会如何利用你的社交属性成功地向你的粉丝们推销旅游产品呢？请思考一下。

如何理解"满足人性弱点的产品"在旅游消费中的重要性？

针对Z世代的消费特点，你认为旅游产品应如何调整和优化？

从 0 到 1 成为旅游网络红人

第二章

遇见最好的自己

● 导语

　　你是否渴望遇见那个潜藏在内心深处的、最好的自己？是否期待在茫茫人海中，找到真正属于自己的定位，实现自我价值的同时，也影响着周围的环境？本章将为你揭示这一秘密。从发掘真实的自我，到利用兴趣特长找到自己的发展方向；从深耕专业，到借助行业平台势能腾飞；再到掌握商业模式，扩大个人影响力，提升眼界格局……每一步，都是一次自我发现和成长的旅程。让我们一起踏上这段奇妙的探索之旅，去遇见那个更加出色、更加不凡的自己吧！

1　做真实的自己实现自我价值

　　在成为旅游网红的道路上，做真实的自己并实现自我价值是至关重要的。这不仅关乎到个人的内心成就感，更是建立稳固粉丝基础的关键。通过深入了解自己的核心优势和独特性，我们可以塑造出与众不同的品牌形象，从而在竞争激烈的旅游领域中脱颖而出。

1.1　自我认知：找到自己的关键点

1.1.1　独特的个人品牌

　　个人品牌是网红成功的重要标志之一。要想成功地塑造个人品牌，旅游网红应该先了解自己的核心优势和独特性。通过分析自己喜欢的旅行目的地、记录旅行体验、与追随者互动等方式，了解自己的特点和优势，专业技能和兴趣爱好，进而建立与众不同的品牌形象和价值。

　　例如，李子柒独特的个人品牌是传统文化和内地美食；房琪 kiki 能从众多旅行博主中脱颖而出的便是她富有文采的文案，张昕宇和梁红夫妇是知名的探险旅行博主，他们通过《侣行》系列节目展示了全球探险的惊险与刺激。以上三个品牌成功的共同点之一便是熟知自己的核心优势并把它放大为独特的个人品牌。可见，要想做一位成功的旅游网红，必须塑造自己独特的个人品牌。

1.1.2 创造性思维

创造性思维是旅游网红实现差异化发展的关键。旅游网红需要从平凡的事物中寻找特点和独特性，发现自己的长处，例如具备高超的摄影技能、写作能力、语言表达能力等。在旅游领域中展示自己独特的才能，具有专业性和影响力，让自己成为追随者认可的专业标杆。

哔哩哔哩（以下简称 B 站）就有一个最好的例子——up 主破产兄弟。他们是活跃在 B 站的一对以旅游为主的兄弟视频博主，立志要去遍全球所有的国家和地区，并且经常在 B 站上以分享旅游的方式进行直播。

如今他们坐拥着一百多万的粉丝，早已通过了平台知名 up 主的认证，作品大多是自己拍摄并发布的旅行视频。他们的视频作品，标题多采用设问的形式，因此十分引人注目。高级深刻的文案，高超的拍摄和剪辑手法也完美契合了当下 Z 世代新青年的偏好。

尽管他们的视频主题是旅游，但从他们的视频里，能直观明了地发现他们在职场历练多年练就的超强逻辑能力和学习能力。这何尝不是在旅游领域展示自己的创造性思维呢？

1.2 真实性：做自己最好的版本

1.2.1 秉持真实性才是个人成功的根本要求

秉持真实性是个人成功的根本，也是旅游网红建立粉丝信任的重要前提。旅游网红应该保持诚实和透明度，诚实地对待自己和追随者，不夸大事实或虚构事件，尊重追随者的知情权，让追随者感受到真实性和可信度，从而建立稳定的粉丝基础。

1.2.2 不失真实性创造精致的内容

在坚持真实性的前提下，旅游网红可以制作更为精致的内容。精美的文案、精致的图片能让人产生阅读的欲望，从而愿意更加深度地进行了解。

1.2.3 在信息时代，坚持保持良好形象很重要

旅游网红在信息时代的背景下，面对的是更加广泛的观众和具有不同的文化背景的群体。因此，保持良好的形象和言行举止，是在网络领域中赢得尊重和认可的重要策略。旅游网红需要关注个人形象品牌、社交礼仪和道德规范，养成良好的网络习惯和职业精神，塑造积极向上的品牌形象，为自己的成功保驾护航。

1.3 注重粉丝体验：紧紧把握粉丝的需求

1.3.1 粉丝需求是关键：关注粉丝的需求

旅游网红需要时刻关注粉丝的反馈，并根据反馈结果进行调整。通过定期发布用户调查或者在社交媒体上以问答互动等方式，了解粉丝的需求和意见，进行改进和提升服务的质量，让粉丝体验到更好的专业化服务。

（1）及时回复

当粉丝提出反馈意见时尽量在最短的时间内回复。及时回复可以让粉丝感受到关注和重视，为日后的互动和合作奠定基础。

（2）积极倾听

认真聆听粉丝的意见，不轻言否定或反驳。有些反馈意见可以帮助旅游网红发现自身的不足，改进和提高服务质量，使品牌变得更加高大上。

（3）尊重粉丝的建议

当粉丝提出建议时，要尊重他们的建议。不同的建议来源有着不同的思维方式和生活习惯，而对于旅游的安排和推荐也有许多不同的角度，每一条建议都是宝贵的财富，接受这个事实或许是与粉丝建立良性互动的前提。

（4）转化意见

不仅要听取粉丝的意见，更要把粉丝的意见转化为具体的行动，不断提升自己的专业素养和服务水平，达到最优的用户体验。

1.3.2 专业化拓展是要求：提供专业化服务让粉丝满意，定制产品符合粉丝期望

为了满足粉丝日益多样化的需求，旅游网红需要不断提升自己的专业素养和服务水平。包括深入了解旅游目的地、掌握旅行攻略制定技巧、提供定制化旅行服务等方面。旅游网红需要在自己的领域内加强专业化，推出符合消费者期望的旅游服务和产品。例如，利用自己的知名度和影响力，为粉丝提供更多专业化拓展的品牌及渠道等，以满足更高层次的需求。良好的服务和产品，可以让粉丝感受到更好的用户体验，提高满意度。

（1）了解粉丝需求

通过问卷调查、社交媒体留言等方式获取粉丝的需求，并了解他们对于旅游目的地、行程安排、美食文化等方面的需求。通过了解粉丝的需求才能为他们提供更加符合需求的服务，从而建立并保持粉丝的忠诚度。

（2）寻找合作伙伴

寻找包括旅行社、具有专业资质的向导、陪同翻译等在内的合作伙伴，以提供更加专业化的旅游服务。通过与合作伙伴的合作能够提供更加周到的服务，让粉丝们在旅行中得到更好的体验，增强品牌形象。

（3）提供个性化服务

根据粉丝的需求和个性化要求，为粉丝提供个性化服务，包括定制化旅行线路、酒店预订、当地文化体验、行程日程安排等。针对不同的粉丝需求和预算，定制和提供不同的旅游服务，从而提升用户的体验，获得更多忠诚的粉丝。

（4）不断学习和改进

持续关注旅游行业的发展趋势，不断学习和改进自己的旅游服务。同时还要积极参加相关的培训、聚会、交流等活动，获得更多的行业知识和技能，不断提升旅游服务的质量和水平，打造专业化的品牌形象。

1.3.3 粉丝互动是秘诀：赢得亲切感和情感共鸣

与粉丝保持良好的互动是提升粉丝忠诚度和活跃度的关键。旅游网红与粉丝互动，除了重视反馈和提供专业的服务外，还需要增强互动性和人性化，让粉丝感受到亲切感和情感共鸣，增强用户体验和忠诚度。例如，开展线上线下互动活动、参与公益活动、发放礼品和签名等，让粉丝与自己产生互动和情感联结，提升粉丝体验，吸引更多人关注和支持自己。

（1）分享旅游日记

在自己的社交媒体账号上分享自己的旅游日记，包括路线、美食、美景、人文等，通过文字、图片、视频等多种方式让粉丝了解旅游经历，并与他们互动。

（2）视频直播

通过社交媒体上的直播功能，实时地与粉丝分享旅游过程中的点滴，比如景点游玩、美食品尝、文化探索等，与粉丝实时互动，回答他们的问题。

（3）线下见面会

定期举办线下见面会，与粉丝面对面地交流，分享旅游经验，解答旅游时出现的疑问，并赠送粉丝一些小礼品，增强互动性和用户黏性。

（4）互动游戏

可以定期举办一些互动游戏，在游戏中与粉丝互动，比如问答、抽奖、拍照打卡等，增强互动性和趣味性。

（5）个性化定制

根据粉丝的需求定制旅游路线和行程，与粉丝进行一对一的沟通，在定制过程中与粉丝建立更深的联系。

阅后实践

寻找我的旅行之魂——个人品牌初探

活动目的：

帮助读者通过问题和表格，初步了解自己的旅行偏好和独特经历，为之后深入塑造个人品牌打下基础。

探索问题：

● 旅行偏好：

○ 我最向往或已经去过的旅行目的地有哪些？

○ 这些目的地吸引我的是什么？自然风光、文化背景、冒险体验等？
● 独特经历：
○ 回顾我的旅行经历，有哪些特别难忘或独特的体验？
○ 在这些体验中，哪些最能体现我的个性或价值观？

填写表格：

序号	旅行目的地	吸引要素	独特经历	体现的个性/价值观
1				
2				
3				
4				
5				

填写说明：

1. 旅行目的地：列出你最向往或已经去过的旅行地点。

2. 吸引要素：简要说明这些目的地吸引你的主要因素。

3. 独特经历：记录你在这些目的地经历过的特别或难忘的事件。

4. 体现的个性/价值观：思考这些经历如何反映你的个人特质或所珍视的价值观。

后续建议：

1. 完成表格后，对自己的旅行偏好和独特经历进行反思，思考如何在未来的旅行分享中突出这些元素。

2. 随着对旅行领域专业技能的深入学习，不断回顾并更新这个表格，以保持个人品牌的连贯性和成长性。

3. 与旅游圈内的朋友或导师分享你的发现，获得更多关于个人品牌塑造的灵感和建议。

4. 请在安静的环境中，用笔和纸回答这些问题，深入挖掘自己的内心想法和感受。各位可以开始探索自己的旅行品牌之路，为之后的深入学习和发展奠定基础。

2 兴趣特长决定你的发展方向

2.1 发掘个人兴趣点：挖掘兴趣点为自己服务

喜欢绘画的去做了画家，擅长表演的去当了演员，决定未来发展方向的不一定是大学所选的专业，也可以是你的兴趣特长。如果要朝着旅游网络红人的方向迈进，你又有哪些兴趣点呢？

2.1.1 挖掘兴趣点：发掘、定义个人的兴趣点

发掘兴趣点只需要遵循一个简单的公式即可：自己的爱好＋人生和旅行经历＋社交媒体的反馈＝兴趣点所在。

因为热爱可抵岁月漫长，只有你热爱的领域才能带给你无尽的好奇心与驱动力，让你在百无聊赖的日子里有所慰藉；每个人都是独特的个体，那些独一无二的旅行经历是别人永远没办法复制的；而粉丝作为与旅游网红互动最多的群体和"衣食父母"之一，他们的关注与反馈自然而然就成了旅游网红最好的风向标。

例如，你可能会享受美食，喜欢做饭，又打卡了很多出名的美食城市，那么美食旅行达人就可以成为你的兴趣点；你若是喜欢历史又恰好探访过不少古都，那么深度定制讲解就是你最好的指引；你要是喜欢寻找未知，参加冒险和户外运动，又懂得健身知识，同样可以拥有庞大的粉丝群体。

2.1.2 策划内容：通过个人兴趣点策划干货，提高用户点击率

一旦识别出个人的兴趣点，就要开始围绕这些主题来策划内容了。除了提供情绪价值外，有实用价值才是他人持续关注你账号的重要原因。可以通过输出专业的内容帮助阅读者提升某一方面的技能技巧，如野外生存技巧、亲子旅游技巧、穿搭美妆技巧等。

2.1.3 以兴趣点为圆心扩散：结合粉丝兴趣和需求，提供内容服务

旅游网红还应该尽量了解自己的粉丝和受众，了解他们的旅行喜好、地理位置和访问频率。借此机会可以通过深入交流去建立信任和共鸣，了解他们的需求和期望，并利用这些信息为他们提供个性化的服务和内容建议。

例如，或许有人想要看你寻找当地美食馆的故事，而另一些人则想了解如何在陌生的城市找到最适合自己的健身房。总体来说，旅游网红要坚持以个人的兴趣点和粉丝的需求为中心，提供符合他们期望的内容和服务。

2.2 投资特长方向：发掘特长，提升自身实力

哲学上讲"量变引起质变"；荀子告诉我们"不积跬步，无以至千里；不积小流，无以成江海"；苏东坡也有言"博观而约取，厚积而薄发"。这些隽永的道理都在向我们传达一条信息：积累很重要。想要成为一名成功的旅游网络红人，要投资自己的特长，不断积累，提升自身的实力，这样才能走得更远。

2.2.1 以特长为核心：根据特长构建自己的个人独特 IP

还需要以自己的特长为核心，构建自己的个人独特 IP。作为一个旅游网红，需要通过自己的个人特点和能力，建立一个在市场上具有独特魅力和客户认可度的品牌。

在这个过程中，要将自己的特长和市场需求结合起来，选择最具潜力的领域，打造自己的品牌形象，提高品牌在市场上的占有率。同时，还要将自己的 IP 转化为

实际的行动和产品，例如特色旅行、线上课程、旅游咨询等。通过这种方式才能把你的特长转化为实体的商业价值，毕竟变现才是目的。

2.2.2 坚持发声：不断探索新的发展方向，不断提高自身实力

在旅游内容创作领域中，"星球研究所"无疑是一个杰出的代表，其成功背后正是对不断发声与提高自身实力的坚持。与一般的旅游博主不同，"星球研究所"以其深度、专业且富有创意的地理探索内容，赢得了广泛的关注和赞誉。

"星球研究所"的团队由一群对地理、历史、文化充满热情的年轻人组成，他们不满足于简单的旅行记录，而是致力于挖掘地球每一个角落的独特魅力和背后的故事。为了做到这一点，他们不断发声，通过图文、视频等多种形式，将复杂的地理知识与生动的旅行体验相结合，为观众呈现了一个又一个引人入胜的地理探索故事。

在坚持发声的同时，"星球研究所"也从未停止过对自身实力的提高。他们不断学习最新的地理知识和拍摄技术，以便更好地记录和呈现地球的壮丽景色和人文风貌。同时，他们还积极探索新的发展方向，比如将地理探索与虚拟现实技术相结合，为观众提供更加沉浸式的旅行体验。

更重要的是，"星球研究所"始终保持着对未知的好奇心和探索精神。他们不畏艰难险阻，不断挑战自我，深入人迹罕至的地方进行实地考察和拍摄，为观众带来了前所未有的地理探索内容。这种不断探索新的发展方向和勇于挑战自我的精神，正是"星球研究所"能够在众多旅游内容创作者中脱颖而出的关键。

"星球研究所"的成功案例告诉我们，做旅游网络红人不仅需要坚持发声，更需要不断提高自身实力，勇于探索新的发展方向。只有这样，才能在竞争激烈的旅游内容创作领域中立于不败之地，赢得观众的喜爱和认可。

做旅游网络红人又何尝不是这样？互联网更新换代的速度太快了，每天都有数不清的人加入到这个行业里来，若是不能做到坚持进化，不断提高自身实力，强化个人特色，怎么让观众在流水的网红里独独记住你呢？

2.2.3 发挥特长：通过深入研究和投资，挖掘、扩展自身特长

作为一个旅游网红，除了挖掘和发现自己的特长以外，还需要对其进行深入的研究和投资。比如，如果你喜欢美食，你就可以努力了解和体验不同地方的特色美食，搜集各种各样的关于美食的信息，拍摄丰富多样的美食照片和视频，并分享个人的美食心得和技巧。如果你喜欢历史，你就可以多看一些历史书籍并前往一些历史和人文气息厚重的景点，在向粉丝介绍时还可以讲一些历史故事。

2.3 搭建平台：拓展发展空间，扩大覆盖范围

欲造品牌，先造人才；要造人才，先筑平台。如今网络时代发展迅猛，各种平台层出不穷。旅游网红需要做的便是学会利用合适的平台及时扩大自己的影响力，达到双赢的局面。

2.3.1 利用网络平台：如抖音、小红书等，扩大自己的影响力

在当今数字化的时代，为了发掘广阔的发展空间，利用各种网络平台是非常重要的。作为一位旅游网红，要懂得寻找最适合自己的平台，并将自己制作的内容发布在这些平台上。例如，使用抖音、小红书、INS 等平台，通过照片、视频、博客等内容来扩大影响力。除此之外，还要会利用这些平台的互动和分享功能，与粉丝进行交流和讨论，获取他们的反馈和建议，不断完善你的旅游故事。

2.3.2 网络社交互动：社交互动扩大自己的影响力，让更多粉丝参与

拥有良好的社交互动体验是吸引网民的重要因素之一。作为一位旅游网红，可以积极参与社区活动组织等各类线上线下交流，搭建属于自己的旅游社群，并经常与粉丝直接互动。这样能够让粉丝与你更近距离地沟通，进一步加深彼此的了解。这将有助于扩大自身的影响力，并带来更多的粉丝参与和支持。

2.3.3 平台投入：通过投资不同的平台，拓展自身的领域

投资不同平台也是扩大发展空间的一种策略。例如，可以选择在不同的旅游网站上分享旅行故事和照片，扩大普及面，获得更多的流量和更大的曝光度；还可以考虑投资一些平台上的特色内容，例如旅游咨询、在线旅游等。这样可以进一步拓展自己的专业领域和客户群。

 阅后实践

明确个人兴趣，挖掘个人专长

活动目的：

通过详细分析，帮助读者清晰地识别自己在旅游领域的具体兴趣和专长，进而制定出一套个性化的旅游网红发展方案。

探索问题：

1. 在旅游的哪些方面（如自然风光、城市探索、民俗文化等）我最为感兴趣？
2. 我具备哪些独特的技能或知识（如语言能力、户外技能、历史知识等）可以在旅游内容创作中发挥作用？
3. 哪些社交媒体平台的特点最适合我展示旅游内容，并且能吸引我的目标受众？
4. 我应该如何结合我的兴趣和特长，制定长期且可行的旅游网红发展规划？

填写表格：

序号	项目	示范填写	填写栏1	填写栏2	填写栏3
1	核心兴趣领域	自然风光摄影：专注于拍摄壮丽山川、湖泊海洋，通过镜头捕捉大自然的神奇魅力			

续表

序号	项目	示范填写	填写栏1	填写栏2	填写栏3
2	具体技能分析	摄影技能：精通各种摄影器材的使用，掌握风光摄影的高级技巧，如构图、光影运用等。能够捕捉独特的视角，呈现出令人震撼的视觉效果			
3	选定展示平台	抖音：短视频平台，适合展示旅行风光的高光时刻，通过视觉和音效的结合，吸引观众的注意力			
4	定制化内容规划	每月发布至少两条自然风光摄影短视频，配合音乐和解说，带领观众感受大自然的壮美。同时，定期分享摄影技巧和拍摄经验，提高粉丝的参与度			
5	个性化发展策略	与知名旅游机构合作，参与其组织的摄影活动，扩大自己的影响力。开设线上摄影课程，传授自然风光摄影技巧，增加收入来源			

填写说明：

1. 核心兴趣领域：请列出至少三个与旅游相关的兴趣点，例如除了自然风光摄影外，你还可能对城市探索、民俗文化等方面感兴趣。填写时，请具体描述你的兴趣点及其相关内容。

2. 具体技能分析：针对每个兴趣点，分析你所具备的具体技能或知识。例如，如果你选择城市探索作为兴趣点，你可能具备良好的语言能力，能够流利地与当地人交流，或者你对城市规划有深入了解，能够发现城市的独特之处。

3. 选定展示平台：选择适合展示你制作的旅游内容的平台，并简要说明选择理由。可以选择的平台包括抖音、小红书、微博等。根据你的内容特点和受众群体来选择最合适的平台。

4. 定制化内容规划：针对每个选定的平台，规划你的内容发布计划。包括发布频率、内容类型、互动方式等。确保你的内容具有多样性和可持续性，以吸引并留住不同类型的粉丝。

5. 个性化发展策略：提出至少三个个人旅游网红发展策略。可以考虑的方向包括建立个人品牌、寻求合作机会、持续学习和技能提升等。确保你的发展策略符合自身实际情况，并具有可行性。

后续建议：

1. 在完成表格填写后，请仔细审视你的规划，确保符合你的长期目标和个人定位。

2. 根据规划制订具体的行动计划，包括内容制作时间表、互动计划等。确保你能够按照计划执行，并持续优化你的旅游网红发展路径。

3. 保持对旅游行业的持续关注和学习态度，不断提升自己的专业素养和创新能力。这将有助于你在竞争激烈的旅游网红领域中脱颖而出。

3 深耕专业蓄能你的基层建筑

3.1 专业知识的积累：行业不可或缺的基础

时代的迅猛发展和平台的易进入性使得越来越多的人能够轻而易举地对一些事件站出来你一言我一语地讲两句，特别是多了互联网这层面具，大家的发言更是随心所欲，无所顾忌。可有一点不曾改变的是，纵使各种意见再多，大众最愿意听的还是那些具备专业素养的人的发言。专家之所以能够成为专家，一定是因为他具有深厚的知识储备作为支撑。知识经济的时代，专业的重要性不言而喻，它才是这个时代最好的竞争力。只有具备了专业性，才会拥有权威感和话语权，才能赢得大家的信赖。

3.1.1 深入了解旅游行业的特点、趋势和敏感点

（1）了解旅游行业的历史和现状：去了解旅游业的历史和现状，这样我们就能更好地把握行业发展趋势，了解行业热点和敏感点，并在行业中站稳脚跟。

（2）判断行业趋势：学会通过网络、行业媒体等渠道判断行业动态，了解最新旅游产品和服务、技术和管理等信息。这样有利于我们时刻了解行业趋势和前沿。

（3）参与行业活动：参加旅游行业的博览会、研讨会和论坛，可以接触到各方面的资源，从中学习行业的知识，获得资源，并对旅游行业有更加深入的了解。

3.1.2 学习专业技能：提高自身技能和能力水平，为未来的工作做好充分的准备

（1）学习旅游摄影技巧：旅游网红需要学习一些摄影技巧，掌握景点的拍摄技术、构图和后期处理等。这样可以提高拍摄的质量，让照片更具观赏性，可以吸引更多粉丝。

（2）学习流行语言和文化：旅游网红需要经常去不同的地方旅行，了解当地的语言和文化，这样有利于与当地人交流，更深入地了解当地的特色和文化。

（3）学习网络传播技巧：学习如何利用微博、微信、抖音、小红书等网络平台进行传播，这样可以更好地与粉丝互动，增加粉丝数量、提升知名度。

作为旅游网红，除了需要积累旅游行业的知识外，也需要不断学习新的技能和知识，提高自己的素质，为自己未来的职业生涯做好充分的准备。

3.2 深耕地域文化：为自己的特点建立强大优势

作为一个旅游网红，深耕当地文化是非常重要的，因为这可以让你的品牌更加有特色，吸引更多的粉丝关注。

3.2.1 深入了解地方文化：利用旅游的机会，深入了解目的地的文化

（1）研究当地历史和文化背景：了解当地的历史和文化背景对于创造一个具有特色的品牌非常重要。你可以通过阅读当地的历史书籍和参观博物馆来了解这方面的知识。

（2）探索当地美食：品尝美食是旅游的重要组成部分，因此作为旅游网红你应该花更多的精力去发现当地美食。你可以与当地的厨师进行交流，以了解当地的独特食品和烹饪方式。你可以成为一位美食家，并分享你的经验和见解。

（3）拍摄当地的景点和文化活动：将当地的景点和文化活动作为你的旅游内容的一部分，可以让你的个人频道更加吸引人。你可以用你的相机拍摄当地的自然风光、文化活动和著名景点，并分享你在当地的旅行经验。

（4）将自己的个性融入内容：通过体现自己的个性和风格，可以强化个人的特点。比如你可以用当地的少数民族服饰打扮自己，或者采用当地的民间工艺品作为内容的主题。总之，要深入了解当地文化，发现和记录独特的个人体验，这样才能建立强有力的优势品牌。

（5）和当地人交流：更好地了解本地文化可以通过与当地人交流来实现。和当地人交流可以帮助我们理解当地人的思维方式和文化传承方式，也可以帮助我们更好地分享当地的故事和历史。

3.2.2 传承和宣传地域文化：将所学所得的地域文化传承下去，进行推广

（1）利用社交媒体平台宣传：通过社交媒体平台，可以将当地的文化、历史和风俗等信息分享给粉丝。通过发布相关的照片、视频和博客，可以将这些信息传递给更多的人，并引起公众对当地文化的关注。

（2）推广特色文化产品：可以通过向粉丝推广具有当地特色的文化产品，如手工艺品、当地美食、传统服饰等来吸引更多的人关注当地文化。通过推广这些特色产品，可以为当地带来更多的经济效益，同时向外界传达当地的独特文化。

深耕专业，蓄能基层建筑

活动目的：

本次活动旨在帮助读者清晰地认识自己在旅游行业中的专业优势，并结合地域文化特色，进行有效的个人品牌定位，为成为优秀的旅游网红奠定坚实的基础。

一、进行专业知识梳理

探索问题：

1. 我在旅游行业中具备哪些专业知识？

2. 这些专业知识如何转化为我的竞争优势？

填写表格：个人专业知识梳理表

序号	专业知识类别	具体内容	应用场景
1	旅游规划与管理	旅游线路设计、行程安排、团队管理	为粉丝提供定制化旅游服务
2	历史文化知识	国内外历史、文化、民俗了解情况	深度解读旅游目的地的文化内涵
3	语言能力	外语水平、方言掌握情况	与不同地域、国家的粉丝和当地人进行有效沟通
4	摄影与视频制作	拍摄技巧、后期处理、内容创意	提供高质量的旅游作品
5	社交媒体运营	了解平台规则、内容策划、粉丝互动	扩大旅游内容的影响力和传播范围

二、地域文化定位实践

探索问题：

1. 我对哪个地域的文化有深入了解或独特的见解？
2. 如何将这些地域文化知识融入我的旅游内容中，形成特色品牌？

活动步骤：

1. 选定地域：选择一个你熟悉或感兴趣的地域作为你的内容创作核心。
2. 文化梳理：列出该地域的核心文化元素，如历史遗迹、民俗活动、特色美食等。
3. 实地考察：前往该地域进行实地考察，深入了解当地文化，收集一手资料。
4. 内容策划：结合你的专业知识和地域文化特点，策划一系列具有特色的旅游内容，如主题游、文化体验等。
5. 品牌宣传：利用社交媒体平台，发布你的旅游内容，强调地域文化特色，吸引粉丝的关注。

填写表格：地域文化定位实践表

序号	项目	示范填写	个人填写
1	选定地域	云南省丽江市	
2	核心文化元素	纳西族东巴文化、古城风貌、茶马古道	
3	实地考察记录	参观了纳西族博物馆，体验了东巴文字书写；漫步丽江古城，感受了独特的建筑风格和历史氛围；重走了茶马古道，了解了马帮文化和商贸历史	
4	内容策划方案	策划系列主题游："探秘纳西文化之旅""古城夜游体验""茶马古道徒步探险"等。结合专业知识，为粉丝提供定制化的旅游服务，包括行程规划、文化解读、摄影指导等	

续表

序号	项目	示范填写	个人填写
5	品牌宣传策略	在社交媒体平台上发布旅游内容，强调丽江的地域文化特色。与旅游达人合作，进行联合推广。定期举办线上互动活动，吸引粉丝参与，提高品牌知名度	

后续建议：

1. 持续学习：不断更新自己的专业知识储备，关注旅游行业动态和地域文化发展趋势。

2. 互动交流：积极参加旅游行业相关的研讨会、论坛等活动，与同行交流经验，拓宽视野。

3. 创新实践：结合市场需求和粉丝反馈，不断优化内容策划方案，推出更多具有创新性和吸引力的旅游产品。

4 行业平台势能助力你的腾飞

4.1 成为"网红"也许很简单

4.1.1 理解行业平台：为什么这是旅游网红成功的关键

作为旅游网红需要非常了解所要关注和营销的社交媒体平台，例如小红书、抖音、微博、马蜂窝等，因为这些平台不仅可以让旅游网红与粉丝进行互动，还可以向更广泛的受众宣传和推广自己的旅游活动。此外，我们也需要详细了解我们的目标受众以及他们的兴趣爱好和需求，以此为基础来创建自己的形象和社交媒体内容。

4.1.2 行业平台的优势：如何通过平台获得更多的曝光和商业机会

一旦建立了基础的品牌形象，就可以开始利用平台优势来吸引更多的关注者。每一个社交平台都有自己的属性，都有自己的用户画像，找对平台，能助你事半功倍。另外，积极参加平台发起的话题和热点活动，平台会为你进行推流。

4.1.3 实现腾飞的窍门：成功案例剖析和行动指南

最后，为了成为一位成功的旅游网红，还需要研究成功案例，以了解其他旅游网红是如何走向成功的。同时，也需要始终保持创新和冒险精神，不断尝试新的方法和策略，以吸引更多的受众并实现腾飞。

4.2 借助平台，扶摇直上九万里

4.2.1 打造个人品牌：如何在行业平台上提升自我认知和价值展示

要在行业平台上扶摇直上九万里，打造个人品牌是第一步。在这个过程中，需要做到以下几点：

（1）多产出高质量的内容：在个人品牌建立的初期，需要不断地产出高质量的内容，例如精美的旅游照片、有趣的旅游故事、独特的酒店点评等，以此吸引更多的关注者。

（2）确定自己的定位和目标受众：在制作内容之前，需要先确认自己的定位和目标受众。例如，是享受高级奢华旅游的人，还是热爱探险旅游的人？根据自己的定位和受众，制作出符合自己品牌形象的高质量内容。

（3）持续与关注者互动：在建立个人品牌的过程中，需要不断地与关注者互动，回答他们的问题，与他们进行交流和互动，以此建立良好的社交关系。

4.2.2 与行业平台合作的策略：如何选择合适的合作伙伴并建立牢固的合作关系

与行业平台的合作，可以在推广自己的同时获得更多的曝光和商业合作机会。以下是一些合作策略：

（1）选择与自己品牌、风格和目标受众相符合的合作伙伴。例如，如果你是探险旅游领域的专家，那么可以选择和探险旅游品牌合作；如果你擅长探店美食，那么可以选择和餐饮品牌合作。

（2）建立长期的合作关系。与某旅游企业进行长期的合作关系，可以制定更有利于旅游产品展示和营销的策略，例如定期推广自己和旅游企业的合作成果。

（3）追求双赢：与合作伙伴建立长期的合作关系，则需要在合作过程中追求双赢。建立多个合作伙伴网络，资源互补，共同吸引更多关注者，才能真正达到扶摇直上的目的。

要成功地成为一位旅游网红，需要在自我品牌的打造上下功夫，同时选择合适的合作伙伴并建立牢固的合作关系。通过不断地积累经验和营销策略，我们才能在行业平台上扶摇直上九万里，走向成功。

阅后实践

分析旅游网红成功案例，理解行业平台的重要性

活动目的：

通过深入分析一个成功的旅游网红案例，填写详细表格，以全面了解其运营策略，从而理解行业平台在成功路径上的关键作用，并探讨如何借助平台提升个人品牌价值和商业机会。

活动步骤：

1. 选定模仿对象：

选择一位你认为成功的旅游网红作为模仿和分析的对象。

2. 填写以下分析表格：

序号		项目	详细内容	分析/备注
1		网红基本信息	姓名、社交媒体账号、粉丝数量等	
2		注册平台	列出该网红注册的所有社交媒体平台	
3	3.1	运营策略——内容	主题选择、发布频率、内容形式（图文/视频）	
	3.2	运营策略——互动	与粉丝互动方式、回复评论频率、粉丝活动	
	3.3	运营策略——合作	合作品牌/企业、合作形式、合作效果	
4		行业平台重要性	为什么这是旅游网红成功的关键	
5		曝光与商业合作机会	该网红如何通过平台获得更多的曝光和商业合作机会	
6		自我认知与价值展示	如何在行业平台上提升自我认知和价值展示	
7		合作伙伴选择	如何选择合适的合作伙伴并建立牢固的合作关系	

3. 详细分析：

根据所选旅游网红的信息，填写上述表格。

深入研究其在不同平台上的运营策略，包括内容创作、互动方式、合作策略等。

分析行业平台如何为该网红提供成功的基础，例如曝光机会、目标受众连接、商业合作等。

4. 总结与反思：

根据填写的表格内容，总结该旅游网红的成功要素，特别是行业平台在其中的作用。

反思自己的旅游网红之路，思考如何借鉴该网红的成功策略，并找到适合自己的发展路径。

活动成果：

1. 完成一份详细的旅游网红案例分析表格。
2. 深入理解行业平台在旅游网红成功中的关键作用。
3. 掌握如何借助平台提升个人品牌价值和商业机会的策略。
4. 提升自己的分析和实践能力，为未来在旅游网红领域的发展打下基础。

注意事项：

1. 确保所收集和分析的信息来源可靠，尊重他人的隐私和知识产权。
2. 在分析过程中保持客观，避免个人主观偏见的影响。

5　商业模式赋能你能够走多远

5.1 旅游网红新纪元：探秘流量背后的商业模式

目前的网络红人也有自己的商业模式，各路人士的总结也是五花八门。在这个"人人都是自媒体"的时代，旅游网红们早已不再是单纯的旅行者。他们跨越地域界限，用镜头和文字捕捉世界各地的美景，更在无形中引领着旅游潮流，塑造着全新的旅游消费模式。关于网红的商业模式的探讨，主要有两大阵营。一个是典型的"卖货派别"，认为网红的盈利方式主要是带货销售；另一个是"广告派别"，主张网红应该通过商家的广告合作来实现营收。目前旅游网红类型如下。

5.1.1 从 KOL 到旅游达人

旅游网红中的佼佼者，我们称之为 KOL——关键意见领袖。他们不仅在旅游领域有着深厚的造诣，更拥有着一呼百应的影响力。自 2016 年的网红元年开始到现在，这个新兴行业通过这些年的发展已造就了大批网红，他们中有的已经名扬四海，大众皆知，有的可能默默无闻，早已放弃，还有的可能还在这个领域浮浮沉沉，艰苦奋斗。真正能做到 KOL 的还是少数。可一旦做到 KOL，不仅会有各种推广宣传接踵而来，还可以像李子柒那样打造自己的品牌。

像房琪 kiki、幻想家 japaul 这样的旅游大 V，他们的每一次旅行都能引发无数粉丝的关注和讨论。而他们的成功，也绝不仅仅是靠颜值和运气。背后是对旅游行业的深刻理解，对粉丝需求的敏锐洞察，以及与品牌方的紧密合作。

5.1.2 带货新风尚：旅游也能买买买

谁说旅游只能看风景？在旅游网红的带领下，购物也成了旅游过程中不可或缺的一部分。他们通过直播、短视频等方式，将世界各地的特色商品带到粉丝面前。不仅让粉丝足不出户就能买到全球好物，更为旅游行业开辟了新的盈利渠道。这种"旅游+带货"的模式，无疑为旅游网红们带来了巨大的商业价值。

5.1.3 云旅游：宅家也能环游世界

随着科技的进步，云旅游逐渐成为新的旅游方式。旅游网红们通过直播镜头，将世界各地的美景实时传递给观众。这种新颖的旅游体验不仅让观众感受到了旅行的乐趣，更为旅游目的地带来了前所未有的曝光度。

它采取旅游和直播结合的方式，通过网红的吃喝玩乐体验，借助旅游主播的视角向观众实时展示旅游地的实际情况。对于网红而言，能把自身的旅行变成一场变现活动；对于旅游目的地而言，这也不失为一种简单高效的新型营销方式。而旅游网红们也因此获得了更多的关注和打赏，实现了流量的有效变现。

与大多数带货主播不同的是，旅游网红的带货并不在狭小逼仄的直播间内，他们有时需要动身前往景区实地，借助镜头和自己独特的语言向观众传达和展示景区产品的特色，也增添了真实性。比如，广西壮族自治区崇左市龙州县的县长，为了宣传当地特产银耳，走进了全亚洲最大的银耳生产基地来向消费者展示银耳的生产空间和制作流程，还请了一级演员郭秋成老师来到祖国西南边陲壮美秀丽的龙州县，推介龙州县的特产好物。这些都属于旅游带货。旅游带货这种新模式也因为有着良好的发展前景而受到许多旅游网络红人的青睐。

5.1.4 自媒体时代：内容为王

大家一定都有过不经意间被种草的经历——因为看到了一篇精彩的微信公众号推送想去一个地方旅行；因为小红书上几张精美的图片想要下单某个商品；因为抖音上一段有趣的视频而想去打卡探店。所谓的旅游自媒体，其实就是在这些网络平台上以图文还有短视频的形式向你推送内容。浏览阅读量、广告以及打赏是做旅游自媒体的网红最主要的盈利方式。

在这个内容为王的时代，旅游自媒体成了网红们展示才华的舞台。例如嬉游（公众号），他们通过撰写旅游攻略、发布旅游短视频等方式，为粉丝提供了丰富的旅游资讯和灵感。而优质的内容也自然吸引了大量的关注和广告合作，为旅游网红们带来了可观的收益。

5.1.5 背后的推手：KOC、KOS 与 MCN

在旅游网红的成功背后，还有一群不可忽视的力量——KOC（关键意见消费者）、KOS（关键意见销售）和 MCN（多频道网络）公司。他们或许不像旅游网红那样光鲜亮丽，但却是整个产业链中不可或缺的一环。KOC 以自己的消费经验影响着粉丝的消费决策；KOS 则凭借着销售技巧帮助旅游产品实现更好的业绩；而 MCN 公司则为旅游网红提供了全方位的支持和服务，助力他们走向成功。

总之，在这个旅游网红的新纪元里，流量背后的商业模式正在不断地创新和演变。无论是 KOL 的崛起、带货新风尚的兴起，还是云旅游的火爆、自媒体时代的来临，都让我们看到了旅游行业的无限可能。而在这个变革的浪潮中，旅游网红们正用他们的才华和努力，书写着属于自己的传奇故事。

5.2 原来还可以这样变现

5.2.1 妥善运用商业模式：如何更高效地实现商业变现

商业模式都有一个共同的特点，那便是它们的变现过程都离不开互联网和粉丝流量的加持。这个过程是如何实现的呢？主要有以下三个步骤。

首先你要根据自己的 IP 特色来定位自己的目标人群，你需要清楚你自己的内容输出是面向哪个群体的，是"80 后"还是"90 后"，抑或是 Z 世代的新青年们？不同年龄段的人有着截然不同的喜好和需求，你也不可能做到同时满足所有人，所以你的第一步是要确定好属于自己的目标人群。

其次则是吸引关注，也就是"引流"。微信公众号、知乎和微博上面的文章；抖音、快手和 B 站平台上的短视频以及小红书上的图文推广，这些都是引流的细节体现。要想吸引关注，必须有优质的内容，这些可以从你平时的旅行经历里来。但你的内容必须符合上面第一个步骤里的目标人群的需求，因为你的内容输出是给他们看的。

最后便是变现。变现主要是看你是通过自己单打独斗接单还是选择与相关的公司合作去谈分成，如今的"野生网红"很少，大部分网红都采取了与 MCN 公司合作的方式。对一个人而言，即使作品和账号火了，也很难进行变现，因为都是商家主动找上来。而良好的商业运作模式却是主动出击，并且拥有固定的客户。这是 MCN 公司所具有的优势，帮助网红变现也是其责任之一。

合作也分主动跟 MCN 公司签约和与 MCN 公司合作签约两种类型。前者适合那些粉丝量比较少也不会包装定位的网红，他们可以通过公司的帮助来学习如何运营自己的自媒体账号，通过公司的资源来将自己捧红，但是受限较多，包括但不限于所有的广告代理由代理公司指定专人负责，不允许私自接单等；后者多是那些通过自己的努力已经在领域内小有名气和关注的网红，因为高热度和关注度被 MCN 公司看中决定予以合作。比起前者，这类人往往有着更高的分成，因为他们的起步高，有自己的流量便有了谈码论价的底气。

5.2.2 提升商业价值的技巧：如何提高自身品牌价值和行业影响力

李子柒，一个原本默默无闻的美食短视频创作者，凭借对传统文化的深入挖掘与精致的视频制作，迅速走红网络。她的成功并非偶然，而是对品牌价值与行业影响力精心打造的结果。

在《兰州牛肉拉面》短视频之后，李子柒没有止步于单一的美食制作内容，而是开始拓展题材，将中国传统文化元素融入作品中。她亲手制作文房四宝、还原古法美食、展现四季更迭中的农耕生活，每一个视频都如同一部精心制作的微电影，让观众在欣赏美食的同时，也能感受到中国传统文化的魅力。面对外界的质疑和关注，李子柒选择了用作品说话。她坚持内容的原创性和高质量，不断提升自己的拍摄和剪辑技能，使得每一部作品都能引发观众的共鸣和赞赏。同时，她也积极与粉丝互动，通过社交平台分享自己的创作心得和生活感悟，进一步拉近了与粉丝的距离。

随着时间的推移，李子柒的品牌价值逐渐凸显。她不仅成为短视频领域的佼佼者，更是成功地将自己的影响力扩展到了更广泛的领域。

李子柒的成功告诉我们一个道理：提升商业价值的技巧在于不断提高自身品牌价值和行业影响力。这需要我们始终保持对市场的敏锐洞察和对自身品牌的清晰定位，不断创新和改进自己的产品和服务，以满足消费者不断变化的需求和期望。同时,我们也应该注重与粉丝和消费者的互动与沟通,建立稳固的品牌关系和口碑效应,为自身的长远发展奠定坚实的基础。

找到你的旅游网红商业模式

活动目的:

通过本次实践,希望读者能够更清晰地了解旅游网红的不同商业模式,并根据自身的特点和资源,选择最适合自己的发展路径,实现商业价值的最大化。

探索问题:

1. 你希望成为哪种类型的旅游网红(如 KOL、带货达人、云旅游主播等)?
2. 你的目标受众群体是谁?
3. 你擅长创作哪些类型的旅游内容?
4. 你希望通过哪些平台进行内容传播和引流?
5. 你更倾向于独立运营还是与 MCN 公司合作?

参考表格:

序号	变现方式	实现途径	所需条件/要求	适合人群
1	广告合作	与品牌商签订广告合同	一定的粉丝基础和影响力	KOL、知名旅游博主
2	带货销售	直播、短视频展示特色商品	善于推销,有一定选品能力	带货达人、销售型主播
3	云旅游直播	直播展示旅游景点	良好的口才和导游能力,实地旅行经验	云旅游主播、导游型网红
4	自媒体运营	发布旅游攻略、短视频等	优质内容创作能力,熟悉自媒体运营规则	自媒体人、内容创作者
5	与 MCN 公司合作	签约 MCN 公司,享受全方位支持	愿意接受公司管理和分成安排	新晋网红、希望快速成长的博主

表格说明:

1. 在"变现方式"一栏中,列出了五种常见的旅游网红商业模式,读者可以根据自己的兴趣和特长进行选择。
2. "实现途径"一栏简要描述了每种变现方式的具体实施方法。
3. "所需条件/要求"一栏列出了每种变现方式对网红自身条件或能力的要求,帮助读者判断自己是否适合。
4. "适合人群"一栏给出了每种变现方式可能适合的人群类型,供读者参考。

后续建议:

1. 根据参考表格,选择最适合自己的商业模式,并制订相应的发展计划。
2. 深入研究所选商业模式的市场现状和发展趋势,了解竞争对手和目标受众的需求。

3. 提升自己在所选商业模式中的核心竞争力，如内容创作能力、销售技巧等。
4. 积极寻找合作伙伴和资源，扩大自己的影响力和商业价值。
5. 不断调整和优化自己的商业模式，以适应市场变化和用户需求的变化。

6 辐射范围放大你的个人影响力

6.1 定位你的目标人群

6.1.1 产品属性

产品属性顾名思义，就是你要卖的产品有什么特点，原材料来自哪里、使用什么工艺、有什么功效、是谁代言的、性价比多高等。对于旅游网红而言，通过了解自己选择的旅游目的地类别、旅游方式（例如自驾游、徒步旅行、背包客等）、旅游费用和旅游服务质量等产品属性，来精准定位自己的目标人群。例如，选择高价位的奢华旅行目的地，可以吸引高端旅游者和公司商务人群，而选择国外旅游目的地可以吸引喜欢探索不同文化和习俗、希望提高英语口语和视野更开阔的年轻人为目标人群。产品属性主要有以下四点：

（1）旅游地点：选择的旅游地点可以直接影响目标人群的类型。例如，如果选择旅游的地点是海滩或者潜水胜地，那么目标人群可能是喜欢海岛度假和水上运动的人；如果选择的地点是世界著名的文化古迹和博物馆，那么目标人群可能是富有艺术品鉴能力和文化素养的人。

（2）旅游方式：旅游方式也会影响目标人群的类型。例如，如果倾向于选择徒步旅行和生态之旅，那么目标人群可能是喜欢户外运动和探险类旅游的人；如果选择的是奢华豪华游，那么目标人群可能是高端消费者和企业商务人群。

（3）旅游费用：旅游费用也是一个非常重要的产品属性。如果这种旅游方式的费用较高，那么目标人群可能是富有消费能力，购买力较强的人；如果旅游费用较低，那么目标人群可能是更加关注性价比并注重旅行体验的人。

（4）服务质量：最后一个属性是服务质量。如果旅游产品具有高品质、个性化和专业化服务，那么目标人群可能是追求高品质旅游服务，注重细节和体验的旅游消费者。

总体来说，通过对旅游地点、旅游方式、旅游费用和服务质量等产品属性进行精细定位，可以以较高的准确率找到理想的目标人群，实现更加精准高效的旅游产品推广。

6.1.2 自身属性

自身属性就是打造一个怎样的人设，如性别年龄、职业背景、过往经历，都是人设的一部分。旅游网红的自身属性包括外貌、气质、性格、语言等。通过了解自己的自身属性，网红可以定位自己的目标人群。例如，外形比较可爱、调皮的网红可能更适合吸引年轻人群体，而外表和气质优雅、沉稳的网红则可能更适合吸引高端人群。

（1）旅游偏好：了解自己的旅游偏好，例如有没有喜欢的特定景点或活动类型，以及自己喜欢的出游方式（自驾游、背包客等）。这样可以更容易地吸引有相同旅游偏好的旅游者。

（2）年龄层次：考虑自己的年龄段和社交媒体上的观众年龄段，尤其需要考虑营销平台的特征。例如，在小红书上，年龄段相对年轻是一个特点，性别也是特点，适合发布美食、旅行等轻松生活感性质的照片和视频。

（3）兴趣爱好：了解自己的兴趣爱好和价值观，例如是否喜爱摄影、垂钓、探索自然等，或者是否注重环保、可持续性等问题。这可以更好地吸引有相似兴趣爱好和价值观的旅游者，并且充分满足他们的期望和需求。

（4）地域和文化背景：考虑自己的地域和文化背景，例如是否成长在某个地区或者是某个国家的文化背景，可以通过这种方式吸引更多有相同文化背景或者对网红的文化背景有兴趣的旅游者。

（5）外观和气质：外观和气质可以反映人的个性和风格，直接影响所吸引的目标人群。如果外表青春活泼、甜美可爱，那么目标人群可能是年轻女性和家庭用户；如果外表成熟端庄，气质优雅，那么目标人群就可能是成年女性和中老年用户。

（6）才艺特长：才艺特长可以表现和展示你的个性，为目标人群提供有趣的旅游体验。如果你的拍摄和制作能力出色，喜欢将自己的旅游经历制作成有趣的视频日记，那么你的目标人群可能是年轻人和有媒体社交习惯的用户；如果你是电音达人，可以和朋友来一场音乐之旅。

综合考虑以上几方面，可以发掘出自身的优势，确定自己的目标人群，更有针对性地进行旅游内容创作和推广活动，以此吸引到更多的旅游者，提高自己的影响力并推广旅行相关的生活方式。

6.1.3 人格属性：个人魅力是让粉丝记住你的突破点

旅游网红的人格属性包括个性、兴趣爱好、价值观等。通过了解自己的人格属性，网红可以定位粉丝的目标人群。例如，热爱自然风光、有环保意识的网红可能更适合吸引注重环保、自然的人群。

（1）性格特征

性格特征可以反映你所追求的生活方式和人生态度，对于目标人群的认同和关注度有着至关重要的作用。例如，如果个性比较活泼、开朗，喜爱户外运动、探险

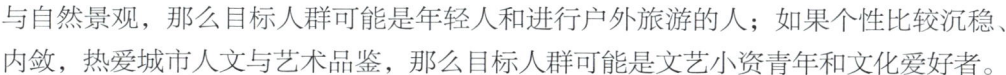

与自然景观，那么目标人群可能是年轻人和进行户外旅游的人；如果个性比较沉稳、内敛，热爱城市人文与艺术品鉴，那么目标人群可能是文艺小资青年和文化爱好者。

（2）价值观和人生态度

价值观和人生态度可以反映所追求的状态和理念，对于目标人群的认同和关注度也起着至关重要的作用。例如，如果倡导可持续开发与生态旅游，体现绿色出行和环保主义，那么目标人群可能是注重生态环保的人和青年自然保护志愿者；如果鼓励参加公益志愿活动、展现积极向上的人生态度和积极心态，那么目标人群可能是希望得到正能量影响和寻求人生启示者；如果是动物保护者，可以和宠物共同出行，目标人群可能是撸猫、撸狗爱好者。

（3）沟通和传播能力

沟通和传播能力直接影响到网红的影响力和受众范围，需要利用自己的传播能力把自己推向适当人群之中。

总体来说，通过对自身人格属性的全面了解和把握，能更好地了解自己适合哪些市场用户，针对这些目标人群，推广符合其兴趣和需求的旅游内容营销，以获得更高的曝光与关注度。

6.2 无限放大你的影响力

在确定了目标人群之后，便可以更进一步考虑如何在自己的领域面向目标人群放大自己的影响力了。综观如今几个成功的旅游网红案例，主要有以下四种方式可供参考。

6.2.1 完善个人品牌形象，挖掘个性化的独特卖点

旅游网红要有自己独特的个性化卖点，例如独特的旅游攻略、地道的当地美食介绍、特色的文化讲解，等等。通过挖掘自身的优势和特点，让自己的影响力更具有感染力。

个人品牌形象有点类似你的定位，但是要细致得多。旅游网红千千万，他们去过的地方也大多雷同，可为什么大家提起李子柒时想到的是她的传统文化输出、她的"采菊东篱下，悠然见南山"的诗意日常、她的以美食文化为主线围绕衣食住行四个方面来还原的乡村田园牧歌生活？为什么提起房琪kiki就是她令人产生向往感的作品和处处见诗的标题？为什么提起丁真首先想到的是四川省甘孜藏族自治州一个英俊又平凡的牧羊青年？

可能有人会问，怎么给自己定位，给自己定位成什么个人形象呢？这件事情需要问自己，建议抽出个时间独处一下，问自己三个问题，我为什么要做这件事情？我做这件事情有什么核心竞争力？我未来想把这件事情做成什么样子？当我们扪心自问，问出自己这三个触及灵魂的问题并给出答案的时候，我们的个人品牌形象就有了比较明确的答案。

6.2.2 持续进行内容输出，定期发布有价值的内容

旅游网红要定期发布有价值的内容，例如旅游攻略、美食介绍、文化探索、景点评测等。通过持续输出高质量的内容，吸引更多的关注和粉丝，让自己的影响力无限放大。

互联网更新换代的速度太快了，每天都有数不清的人加入到这个行业里来，若是不能做到定时进行自己的内容输出，经常性地发布文案和视频，怎么让观众记住你呢？

如果不坚持持续和稳定的更新，那么根据平台的规则和算法机制，账号的权重就会下降，获得的平台推荐量变低，而且已经关注的用户也会容易流失。互联网擅长遗忘，如果抓不住下一波的"流量密码"，就只能成为流水的网红。

6.2.3 与大咖合作，增加曝光度；与品牌合作，提高曝光率

旅游网红可以与相关品牌合作，共同推广旅游产品，提高曝光率。通过与优质品牌合作，旅游网红可以提高自己的知名度和影响力，并且可以获得更多的商业机会。

与大咖合作属于那些已经有一定知名度的旅游网红的进阶秘籍。网红与娱乐圈的跨界合作也不在少数，且绝大部分都取得了超出预期的效果。比如房琪 kiki 参加一档音乐综艺时对张含韵说的那番令人动容的话："如果要用一个词来形容你，比起女王，我更喜欢清风。他强任他强，清风拂山岗。十五六岁的那股清风越过了重重的山岗吹到今天，你也还是最好的年纪。这就是上天对勇敢的女孩最好的奖励。"

这番话不仅鼓励到了歌手张含韵本人，也让这位旅行博主的热度再次飙升。很多以前不知道她的人也因为这番有正能量有文采的话而开始关注她的旅行作品。与本身就有流量和关注度的大咖明星合作，也不失为一种借光生长的好办法。

6.2.4 不断拓展自己在不同平台上的影响力

旅游网红要在多个不同的社交媒体平台上建立自己的品牌形象，如微博、微信公众号、抖音、快手、INS 等。通过不断拓展自己的社交媒体影响力，让更多的人关注自己在旅游领域上的实力和经验。

找到并定位你的目标人群

活动目的：

本次实践旨在帮助读者通过梳理自身属性，明确自己的目标人群，以便在旅游网红领域实现更精准的内容创作和市场定位。

探索问题：

1. 我的旅游偏好、年龄层次、兴趣爱好、地域和文化背景、外貌和气质以及才艺

特长是怎样的?

2. 这些自身属性如何帮助我定位目标人群?

3. 我的人格属性（性格特征、价值观和人生态度、沟通和传播能力）又是如何影响我的目标人群定位的?

填写表格：

类别	属性	示范填写	读者填写	可能吸引的目标人群
产品	名称	旅行摄影教程		热爱旅行，希望提升摄影技能的爱好者
	特点	系统全面，适合初学者		初学者至中级摄影爱好者
	使用场景	户外旅行、风光摄影		风光摄影师、户外探险者
	价格区间	199~299 元		愿意为提升技能投资的消费者
自身	年龄层次	30~40 岁		与自己年龄相仿或稍年轻的群体
	性别	男		无特定性别偏好或同性别的粉丝
	兴趣爱好	探险、登山、摄影		对探险、登山、摄影感兴趣的人群
	技能特长	精通各种摄影器材，擅长后期制作		摄影爱好者，后期制作学习者
人格	性格特征	热情开朗，善于沟通		喜欢积极、能给人带来情绪价值的人
	价值观	追求自由，热爱生活，崇尚自然		与自己价值观相近，追求生活品质的人群
	个人魅力	摄影作品富有感染力，能够激发他人的旅行热情		热爱旅行，喜欢美好事物的人群

填写说明：

1. 请在"读者填写"一栏中，根据自己的实际情况填写相应的内容。

2. 在"自身属性"一栏中，详细列出自己的关键特征，如旅游偏好、年龄层次等。

3. 在"人格属性"一栏中，描述自己的性格特征、价值观等，并思考这些属性如何吸引特定的人群。

4. 新增"个人魅力"一栏，在此列出你认为自己最具吸引力的特质，这些特质可能是你的独特之处，也是粉丝记住你的关键。

5. 根据这些属性和魅力，推测可能对你感兴趣的目标人群类型，并填写在"可能吸引的目标人群"一栏中。

后续建议：

1. 根据表格分析，明确你的产品定位和自身定位，以便更精准地锁定目标人群。

2. 利用你的个人魅力和特长，结合产品属性，制定有针对性的营销策略。

持续关注市场和粉丝反馈，及时调整策略，确保与目标人群保持紧密的连接。

7 眼界格局决定你的生命周期

7.1 打开眼界方能走得更远

旅游网红是一个极具人气和商业价值的领域，但是真正成为一个优秀的旅游网红并不容易。旅游网红需要构建个人的品牌形象和专业能力，树立在旅游领域上的意见领袖地位，同时也需要从多个角度来看待旅游这个领域。眼界的开阔是旅游网红成功的基础，只有通过开阔眼界，才能让旅游网红创造新的价值，拥有更大的影响力和更多的商业机会。

7.1.1 提高思维的开阔度和包容性

旅游网红在不断地探索旅游资源、文化、人文等方面的经验，有利于提高思维的开阔度和包容性。一个具有开阔视野的旅游网红不仅能举一反三，还能更好地理解和解读文化、社会和经济现象。

个人定位与 IP 打造

7.1.2 增强文化理解和跨文化沟通能力

旅游网红在旅游过程中，会接触到不同地域的文化、习俗、生活方式等，有助于增强自己对不同地域文化的理解和跨文化沟通的能力。这种能力是旅游网红与不同地域粉丝和合作伙伴沟通及合作的基础。

7.1.3 拓宽商业机会和寻找合作伙伴

眼界的开阔有助于旅游网红发掘更多的商业机会和合作伙伴，拓展自身的视野和影响力。旅游网红可以开阔眼界，寻找新的旅游领域和优质品牌进行合作，从而扩大影响力和获得商业机会的范围。

7.1.4 提升获得投资的能力

眼界的开阔能够提高旅游网红商业的洞察力和对未来趋势的把握能力，为获得投资、制定商业策略提供更为广泛的视野和思路。当旅游网红拥有了已经足够多的经验和经历，可以自我反思，细化自己旅游领域上的位置，根据不同的目的和定位，制定出具有个性化和鲜明特色的旅游攻略。因此，旅游网红需要精准的定位和目标受众，以达到最佳的宣传效果。具体方法如下：

充分了解自己的人设，明确自己的定位和目标受众；

了解受众的行为特征，分析其需求和关注点；

将精力集中在核心目标受众身上，精准地量身定制相关内容，使之产生共鸣；

通过社交媒体等渠道与受众保持密切互动，增加对受众的认知和理解。

旅游网红需要在不断丰富旅行经验和拓展视野的基础上，将自己变为旅游领域中的意见领袖，树立自己的品牌形象和专业能力，为未来的事业发展夯实基础。同时，旅游网红要精准定位目标受众，制定符合受众需求的内容，提高关注度和影响力，从而扩大商业合作机会的范围。

7.2 扩展格局才能驻足云端

如果说眼界决定境界的话，那么格局决定的就是你的认知。曾国藩说："谋大事者，首重格局。"可见格局对成功的重要性，想在旅游网红这一行业脱颖而出，格局是不可或缺的。

7.2.1 从真实到美好：网红拓展格局的创意实践

旅游网红想要扩展格局，不仅需要在内容、风格等方面进行创新，还需要在创意实践上不断地探索。一个优秀的旅游网红应该能够将真实的经历和美好的展示融为一体，将自己的旅游经历转化为更好的创意成果，并以此打造自己的品牌形象和个性特点，赢得更多关注和商业价值。

7.2.2 跨界合作才能拓展商业价值

在旅游网红打造自己形象和品牌的过程中，跨界合作是扩展商业价值的重要途径。与其他领域的品牌、企业合作，不仅能够扩大旅游网红的影响力和知名度，还可以为旅游网红带来更多的商业合作机会和收益。例如婚纱影楼老板跨界做婚纱旅拍，宠物店老板跨界做带着宠物去旅行，烤肉店老板跨界做露营，儿童绘画兴趣班跨界做写生旅行，瑜伽健身房做禅修疗愈旅行，等等。

7.2.3 开放心态迎接行业变革挑战

随着信息技术和社交媒体的飞速发展，旅游网红领域并不是一个非常稳定的市场。开放心态，学习新的技术和方式，持续创新，适应市场变化，旅游网红才能在行业变革中立于不败之地。

 阅后实践

拓宽眼界与格局，提升旅游网红影响力

活动目的：

本次活动旨在帮助旅游网红通过拓宽眼界与格局，提升个人影响力，增加商业合作机会，并巩固自己在旅游领域的意见领袖地位。

探索问题：

● 如何通过提高思维的开阔度和包容性来增强旅游网红的专业能力？

● 跨文化沟通能力在旅游网红的事业中扮演怎样的角色？

● 旅游网红应如何精准定位目标受众并有效地进行互动？

● 跨界合作对于旅游网红拓展商业价值有哪些具体作用？

● 面对行业变革，旅游网红应如何调整心态和策略以保持竞争力？

参考表格：

实践步骤	具体行动	预期效果
1.提高思维开阔度	参加多元文化活动，阅读不同领域的书籍	拓宽视野，增强内容创新能力
2.增强跨文化沟通	学习外语，体验不同地域的风俗习惯	加深文化理解，吸引更广泛的受众
3.精准定位目标受众	分析粉丝数据，了解受众需求和兴趣点	制定更精准的营销策略，提高粉丝互动度
4.跨界合作拓展价值	寻找合作机会，与其他领域品牌进行联动	扩大影响力，增加商业机会和收益
5.开放心态迎接变革	关注行业动态，学习新技术和新媒体运用	灵活应对市场变化，保持行业领先地位

后续建议：

1.根据表格中的实践步骤，制订详细的行动计划，并设定明确的时间节点。

2.持续关注行业动态和新技术发展，及时调整自己的发展策略。

3.与粉丝和其他利益相关者保持密切的互动，收集反馈并不断地优化内容和服务。

4.鼓励旅游网红之间交流和合作，共同提升整个行业的水平和影响力。

第三章

旅游红人的主流新媒体舞台

● 导语

　　想站在旅游界的新媒体舞台上熠熠生辉吗？想成为引领潮流的旅游红人吗？本章将为你揭示答案！从微信私域流量的巧妙运用，到微博新鲜事的即时分享；从抖音记录生活的美好瞬间，到小红书标记的精致日常；再到B站Z世代的精神共鸣，以及携程、大众点评、马蜂窝等平台的无限可能……这里，每一个平台都是你展现自我、吸引粉丝、创造价值的绝佳舞台。跟随我们的脚步，一起探索这些新媒体平台的奥秘，开启你的旅游网红之旅，让全世界都看到你的光芒吧！

1　微信：你的私域流量池

1.1 探一探微信的前世今生

　　买了新手机之后的第一件事是干吗？下载微信！手机里可以没有美图秀秀，可以没有QQ音乐，甚至可以没有QQ，但微信是绝对少不了的。我想微信的创始人张小龙绝对想不到有朝一日生活中到处都是微信的影子，谁让微信已经成了集交友、购物、商务、支付、阅读等功能于一体的社交App呢。

1.2 你真的会使用微信吗

　　说起使用微信，你是不是一脸的不以为然，觉得有啥难的，这么些个功能早就摸透了。我相信常用的微信聊天、查找公众号、微信支付、发朋友圈等这些你当然是闭着眼睛都能找到了，可是作为旅游网红你真的玩转微信公众号、朋友圈了吗？

1.2.1 公众号利用得好，你也能成为旅游圈的"李佳琦"

　　3秒成单！7天破亿！

　　这是旅游圈的"李佳琦"——嬉游在2019年双十一创造的纪录。

　　在2019年双十一期间，嬉游创下平均3秒成交一单，带货超1.4亿元的纪录。1.4亿元的成交规模，相当于同期部分中小型旅行社全年营收的数倍。嬉游团队用亲身经历告诉我们，利用微信公众号也能带货，也能创造属于你的奇迹，也能成为下一个××圈的李佳琦。

嬉游的成功我们在短时间内或许无法复刻，但我们能从他的成功案例上获得一些思考：

我们可以从发布旅游攻略和推荐做起，通过微信公众号发布旅游攻略和推荐，介绍景点、美食、特色体验等，吸引用户的关注和兴趣，让关注你的用户知道哪里好玩，哪里好吃，怎么玩，怎么选择。

开展互动和答疑也是增加用户黏性的一种方式，通过微信公众号进行互动和答疑，解决用户的疑问和问题，提高用户满意度和忠诚度。

发布用户评价和口碑。你也可以通过微信公众号发布用户评价和口碑，展示你发布的旅游攻略和旅游产品的质量和服务，吸引更多用户的信任和认可。

可以开展旅游主题活动，通过微信公众号开展旅游主题活动，例如摄影比赛、签到打卡等，吸引用户的参与和互动，提高品牌认知度和用户黏性。

1.2.2 朋友圈晒得好，你也能打造属于你的私域流量

现在浏览朋友圈是快速了解一个人的方式，所以深耕朋友圈很有必要，鲜明的IP，好看的图片，走心的文案，用心的排版，让人看过就一直想翻阅的内容，感兴趣、离不开，自然也是具有很高的社交和商业价值。利用时代赋予的红利和团队平台势能，打造自己的个人品牌和影响力，这一定是可以获益终身的。

美好是我们每个人喜欢且向往的，如何在朋友圈独树一帜，打造朋友圈美学，以下以某亲子旅游网红为例，拆分三个板块给大家讲解：

（1）个人和朋友圈美学的融合

头像、昵称、签名、封面可以帮助大家快速认识我们。

（2）让人看了还想看的朋友圈都发什么

从事业官宣—日常经营（项目纬度）

从旅游小白—蜕变成长（个人成长）

1）事业官宣案例公式：无论你是想利用朋友圈去卖水果，还是想要用朋友圈告知大家自己准备做旅游网红达人，都要有一个官宣的步骤，官宣内容应包括：我是谁＋做了什么事＋为什么做＋业务范围＋未来的期许。

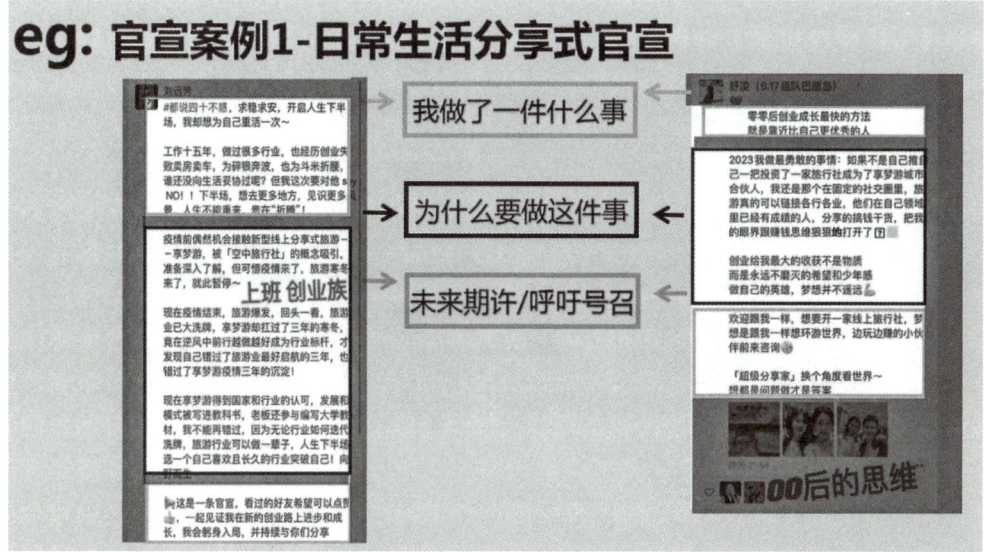

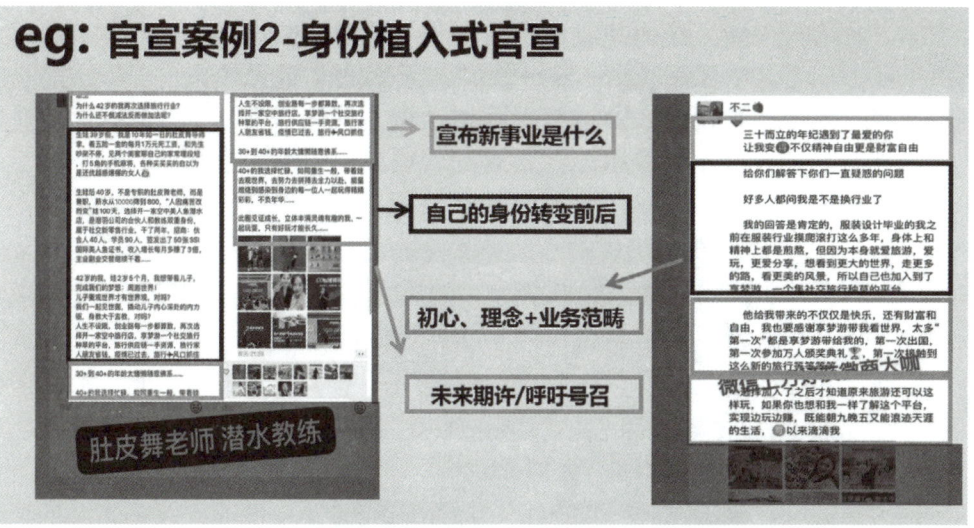

2）日常经营

a. 性价比产品（旅行体验、回传等）

XMY「性价比旅行/达古冰川」
冬天了就是要去看雪啊
只需1299¥就可以出发
是谁说
只有万事俱备才能出发
闯荡江湖未必身披铠甲
一个勇字也能浪迹天涯
做我的达人送你去旅游啊!

2021年12月22日 下午11:01

b. 强社交属性

绝绝子　策划完求婚开会,开完会烧烤,烧烤啤酒再嗨皮一下~亲爱的你啊再跳个舞吧♪~🐎~让原本天南海北毫无关系的我们,通过旅行互相认识,成为好友,大家在享梦游这个有爱的公司里,一起创业,一起玩耍,一起成长~

大理白族自治州·圣托里尼大理

3）成长收获
a. 自我成长学习

b. 努力的成果

朋友圈不仅仅是我们的日记，同时也是别人观察、认识我们的窗口。我们在成长、改变的同时，他们也是见证官，潜移默化的影响是我们做口碑的绝佳法门。

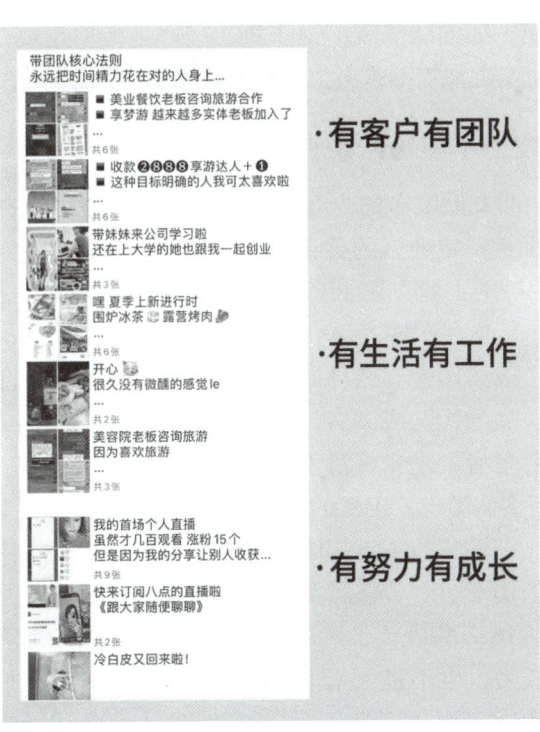

（3）赞爆朋友圈的图片排版

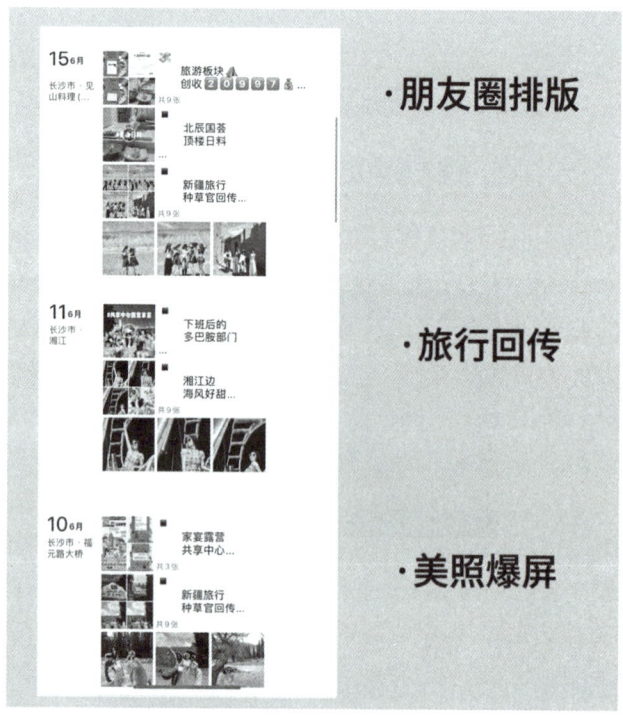

朋友圈就是店面，如何装修我们说了算，同样是发朋友圈，旅游网红就要把朋友圈玩出花样，让别人进来就不想出去，从而成为别人的星标好友，天天点赞打卡。

1.3 要术业有专攻，不要纷纭杂沓

作为旅游网红，朋友圈发布的内容应该专注于某一个明确的主题或领域。例如，你可以选择专注于探索特定地区的美食、介绍独特的文化体验或分享世界各地的壮丽风景。通过选择明确的主题，你能够建立自己在该领域的专业性和权威性。

内容涉猎过广，专注力分散。

你有没有发现，虽然作为一名导游，你带了许多的团，加了许多的旅游者为好友，朋友圈发的护肤品的代购或酒店门票预订的信息也挺勤的，但是找你下单的客户却很少。你或许会想肯定是受经济下行影响，市场不大景气，大家都没有购物的欲望，也没心情出门度假游玩。但真的是这样吗？

在2022年的双十一预售前4个小时内，就有50多个美妆品牌的成交额突破亿元，更有少数的品牌突破10亿元，许多单品爆卖，还有许多服饰在上架1小时内卖断货。此外，更是有"三亚18万每晚天价酒店一房难求"的热搜。这种种迹象都表明或许不是大家失去了购买力，也不是大家不愿意出门游玩，那么到底为什么你朋友圈发布的产品卖不出去呢？

因为你的朋友圈太杂了！

如果你也和下面这位导游一样，今天卖打底裤，明天卖减肥茶，后天卖门票，那么大家只会觉得你是一个敬业的微商，而不会认为你是一名专做旅游的网络红人。哪怕你是专业代购，代购的产品类型也要专一，如果你决定代购护肤品，那么你就专门发护肤品的广告，这样长期以来你肯定会积累固定的客源，如果你只想卖景点门票或旅游产品，那你就专门发这类广告，不要既捡西瓜又抓芝麻。

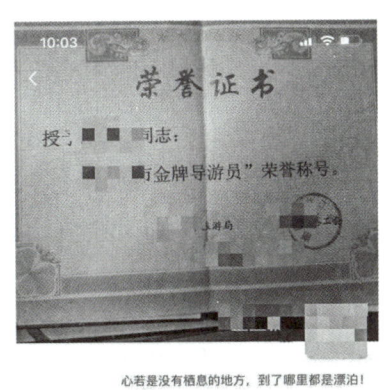
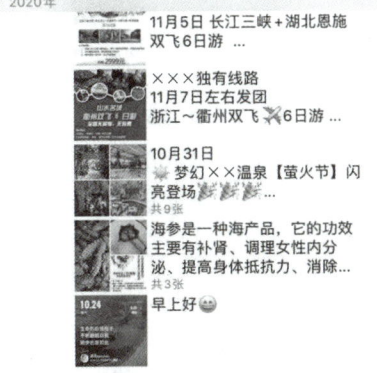
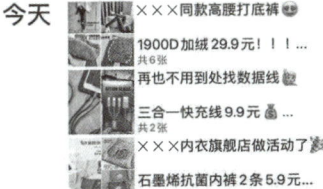

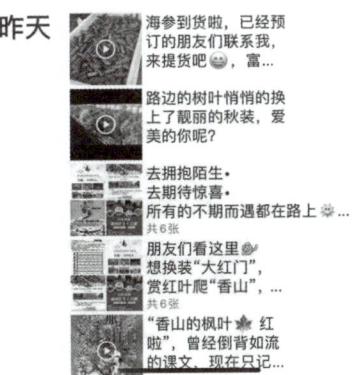

1.4 微信运营没你想得那么难

随着微信的普及，越来越多的个人和企业开始利用微信进行运营和推广。然而，对于许多人来说，微信运营似乎是一项充满挑战的任务，需要耗费大量的时间和精力。其实，微信运营并不是你想象中的那么难。只要掌握了一些基本的技巧和策略，就可以轻松地实现自己的运营目标。让我们一起探索一些简单而又实用的策略，揭示微信运营背后的可能性和机会。

1.4.1 提供有价值的内容

提供有价值的内容，说白了就是内容为王，要让用户觉得你的文章对他们而言是有用的，能戳中他们的痛点或者激发他们的共鸣，只有这样你才能留住他们。

（1）分享旅游攻略和目的地介绍

旅游攻略是读者在准备旅行时最关心的内容之一，因此，作为一位旅游网红，可以分享自己的旅游经验和感受，提供独家的旅游攻略和目的地介绍，例如景点推荐、美食攻略、住宿体验、交通出行等，可以帮助读者更好地了解旅游目的地，提高旅游的质量和体验。

（2）分享旅游心得和经验

除了旅游攻略，分享自己的旅游心得和体验也是一种很好的提供有价值的内容的方式。这些内容可以包括旅行的感受、遇到的问题和解决方法、旅行中的趣事等，这些经验可以为读者提供更实用的旅游建议和经验，增加他们对你的信任和忠诚度。

（3）推荐旅游产品和路线

你的读者可能希望得到更多的旅游产品和路线推荐。因此，你可以介绍一些独特的旅游产品和路线，帮助读者更好地选择适合自己的旅游产品，提高旅游的效率和质量。

（4）使用视觉内容

视觉内容（如图片、视频等）是一种很好的提供有价值的内容的方式。你可以在微信中分享旅行的美景和独特风光，为读者带来更直观的视觉体验和感受，同时也可以提升读者的阅读兴趣和对你的亲近感，提高阅读体验和分享度。

1.4.2 构建粉丝互动机制

多与你的粉丝进行互动，增加粉丝的黏性，说白了也就是要留住你的读者，让他成为你的忠实粉丝。你可以通过开展问答、抽奖等活动，与读者保持互动联系，提高读者参与度和互动性，增加读者对你的关注和信任。不论是朋友圈还是微信公众号你都可以通过以下方法构建用户互动机制。

（1）开展问答活动

在微信朋友圈或公众号中开展问答活动可以帮助增加读者的参与度。你可以提出问题或者让读者向你提问，回答正确的读者可获得奖品或更多曝光机会。通过这种方式，可以增加读者的兴趣和参与度，同时也可以提高读者对你的关注度和信任度。

（2）发起讨论话题

通过在微信朋友圈或公众号中发起讨论话题，可以引导读者之间的互动和交流。你可以在微信中发布一些有争议或者有趣的话题，鼓励读者进行讨论和交流，通过互动和交流，可以提高读者对你的关注和忠诚度。

（3）发起投票活动

通过发起投票活动，可以让读者参与到决策中来，提高他们的参与度和忠诚度。你可以发起投票活动来让读者选择你下一篇文章的主题，或者你的下一个旅游目的地等，通过读者的投票来进行决策，可以增加读者的参与度和忠诚度。

（4）推出奖励机制

在微信中推出奖励机制可以帮助增加读者的参与度和忠诚度。你可以为读者设立奖励机制，例如每日签到、分享文章等行为都可以获得积分或者奖励。通过这种方式，可以增加读者的参与度和忠诚度，同时也可以提高读者对你的关注和信任度。

（5）回复读者评论和私信

在微信中回复读者的评论和私信是一种非常重要的用户互动机制。通过回复读者的评论和私信，可以与读者建立良好的关系，增加读者的信任和忠诚度，同时也可以提高读者的参与度和阅读体验。

1.4.3 发布独家福利和优惠

发布独家福利和优惠就是我们所说的变现。最直接的就是投放软文，专门针对要推广的产品写一篇文章，将产品融合进文章，当然这样的话长期下来读者会出现审美疲劳，时间长了读者可能就不买账了。

（1）推出独家优惠券

与旅游相关的企业合作，推出独家优惠券，例如特价机票、酒店折扣等，以吸引更多的读者。可以在微信中发布这些独家优惠券的信息，并提供优惠码或者二维码，让读者可以直接使用。

（2）发布独家旅游路线

通过自己的旅游经验和资源，发布独家旅游路线。这些旅游路线可以是一些小众景点、独特的旅游体验等。可以在微信中发布这些独家旅游路线的信息，并根据实际需求提供相关预订渠道或咨询方式。吸引读者。

（3）推出限时特价活动

在微信中推出限时特价活动，例如限时抢购机票、酒店住宿等。这些活动可以吸引更多读者，并提高读者的关注度和忠诚度。

（4）发布独家旅游攻略

通过自己的旅游经验和知识，发布独家旅游攻略。这些攻略可以包括一些实用的旅游技巧、当地美食推荐等。可以在微信中发布这些独家旅游攻略的信息，并提供具体的预订方式和联系方式，吸引读者。

打造你的微信旅游网红平台

实践目标：

通过本次实践，你将学会如何利用微信平台，结合旅游网红的特点，打造属于自己的专业、有吸引力的微信旅游网红形象。

以下是一个简单的表格，用于帮助读者检查自己的微信建设情况，并提供一些改进建议。请注意，这只是一个基本框架，具体的情况可能因个人或业务需求而有所不同。

填写表格：

检查项	描述	评估	改进建议
头像	是否清晰、专业，并能代表个人或品牌形象		
昵称	是否简洁、易记，并能体现个人或品牌特点		
个性签名	是否简洁明了，并能准确传达个人或品牌理念		
朋友圈内容	是否定期更新，内容质量高，并能吸引目标受众		
公众号/小程序	是否有自己的公众号或小程序，并提供有价值的内容或服务		
互动情况	是否积极回应评论和私信，与粉丝保持良好的互动		
推广策略	是否有明确的推广策略，如合作推广、社群运营等		
数据分析	是否定期分析微信数据，了解用户行为和需求，以便优化内容		

评估部分可以根据实际情况选择"优秀""良好""待改进"等评级。

改进建议：

1. 头像：

如果头像模糊或不够专业，建议更换为高清、专业的头像。

确保头像与个人或品牌形象相符，以便用户一眼就能认出。

2. 昵称：

如果昵称过于复杂或难以记忆，建议简化为更简洁、易记的昵称。

昵称可以包含关键词，以便用户更容易理解你的个人或品牌特点。

3. 个性签名：

如果个性签名不够明确或不能准确传达理念，建议重新设计。

个性签名可以简洁明了地表达你的价值观、专长或品牌口号。

4. 朋友圈内容：

定期更新朋友圈，确保内容新鲜、有趣。

分享高质量的内容，如行业资讯、专业知识、生活感悟等。

与目标受众互动，回应评论，提高用户黏性。

5. 公众号/小程序：

如果没有自己的微信公众号或小程序，可以考虑创建一个，以提供更丰富的内容和服务。

定期发布有价值的内容，如文章、教程、活动等。

优化用户体验，确保微信公众号或小程序易于导航和使用。

6. 互动情况：

积极回应评论和私信，与粉丝保持良好的互动关系。

及时解答用户问题，提供专业建议和支持。

鼓励用户分享和转发你的内容，扩大影响力。

7. 推广策略：

制定明确的推广策略，如合作推广、社群运营、线上线下活动等。

与其他相关领域的专家或意见领袖建立合作关系，共同推广彼此的内容。

利用社交媒体广告平台进行精准投放，提高曝光率。

8. 数据分析：

定期分析微信数据，了解用户行为、兴趣和需求。

根据数据分析结果调整内容策略，优化发布时间和频率。

关注用户反馈和建议，持续改进以提升用户体验和满意度。

2 微博：随时随地发现新鲜事

2.1 十年微博之路

微博是一种短文本社交媒体平台，类似于Twitter，让用户可以发布短文本、图片和视频，以及关注其他用户，进行互动交流。用户既可以在微博上发布个人生活、新闻时事、娱乐八卦等各种内容，也可以通过微博了解其他用户、关注名人、关注品牌等。微博也是一个公共话题讨论的平台，用户可以在上面分享自己的观点，参与讨论和互动。同时，微博还是一个商业化的平台，企业和品牌可以在微博上进行推广和营销，与用户建立更密切的联系。总体来说，微博是一个开放、互动、多元化的社交媒体平台，已经成为中国网络文化和社交生活的重要组成部分。

2.2 品牌建设的个人品牌舞台

对于一些公众人物、自媒体创作者、KOL等，微博也可以作为展示个人品牌和形象的平台。这些用户可以通过在微博上晒出自己的生活、经验、知识等，来构建自己的个人品牌，并与粉丝、读者等建立更紧密的连接。

当用户的微博拥有一定的关注量和影响力后，就可以考虑将其转化为商业价值。一些品牌或企业会选择与用户合作，邀请其代言或合作推广产品。这时用户的微博就可以成为品牌或企业的一个重要宣传渠道，从而获得一定的收益。

用户可以选择与品牌或企业合作，代言或合作推广产品。品牌或企业在选择合作对象时，通常会考虑到该用户的影响力、受众人群、内容风格等因素。如果用户的微博内容符合品牌或企业的定位和形象，那么就有可能获得合作机会。在合作期间，用户需要根据合作内容进行相关宣传或推广，以吸引更多的粉丝或潜在客户。

在此过程中,用户可以通过与品牌或企业的合作获得一定的报酬或分成。

用户也可以在微博上开设自己的个人网店或博客,将自己的爱好或专业知识转化为商业价值。例如,一些美妆达人可以在微博上开设自己的化妆品店,或者发布一些化妆品使用心得或评测文章,通过粉丝的购买或点击来实现商业价值。在此过程中,用户需要认真维护自己的品牌形象,提供优质的产品或内容,以吸引更多的粉丝或客户。通过自己的努力,用户可以在微博上获得一定的收益。

2.3 微博运营特色与技巧

2.3.1 微博运营特色

(1)品牌塑造

微博有企业认证的功能,也就是所谓的蓝V,近年来许多官方企业和政府权威机构都在微博上注册账号,企业认证通过后,你的微博账号将被标记为官方认证,显示加蓝V标识。这向用户传递了一个重要的信息,即你的品牌是官方认可的、有可靠性和可信度的。企业认证标识能够帮助你的品牌在微博上获得更多的曝光和注意。用户在浏览微博时,更容易注意到并关注拥有官方认证的企业账号,这有助于提升品牌的知名度和认知度。

拥有企业认证的微博账号可以更容易地与用户进行互动和回应。你可以及时回复用户的评论和私信,提供帮助和支持,这有助于建立与用户之间的良好关系,并增强品牌形象。作为官方认证账号,你的品牌在微博上的发言权更高。利用这个优势,发布与行业相关的权威内容、专业见解和行业动态,展示你的品牌在行业中的专业性和领导地位。企业认证账号通常更容易与其他认证账号、明星或意见领袖进行合作和联合营销。通过与有影响力的人物或品牌合作,你的品牌可以进一步扩大影响力和知名度。

(2)传播速度快,互动性强

微博以其即时性而闻名,信息可以在短时间内迅速传播。用户可以通过转发、评论、点赞等操作将信息快速分享给自己的关注者,进而通过二次传播扩大影响范围。当重要事件、新闻或话题在微博上引发热议时,信息可以迅速传播到广大用户群体,实现快速的信息传递和扩散。

微博上的热门话题和微博话题是用户广泛关注和参与的内容。当某个话题在微博上成为热门,用户可以通过标签的方式聚集在一起,形成讨论和互动的集中区域。你可以利用热门话题和微博话题吸引用户的注意,通过发布相关内容参与话题讨论,进一步提升你的知名度和曝光度。

(3)传播的便捷性

微博的发布流程非常简单,用户可以通过微博官方网站或移动应用程序快速发布信息。只需填写文字、上传图片或视频等,即可轻松发布内容。一旦用户点击发布，信息将立即在微博上显示，不需要等待审核或其他延迟。这使得用户能够实时发布重要信息，以及快速回应和参与热门话题。微博的特点使得信息可以在短时间内迅速传播，特别是当信息引起用户的兴趣和共鸣时。通过转发功能，用户可以将内容迅速传播给自己的关注者，进而通过二次、三次甚至更多次的转发，信息可以迅速扩散，达到惊人的传播效率。

微博的互动功能让用户可以轻松地参与和表达自己的观点。当博主在微博上发布信息时，用户可以通过评论、点赞、转发等方式与博主互动，这为博主提供了了解用户反馈和需求的渠道。同时，用户的互动和评论也有助于增加信息的曝光度和传播范围，激发更多的用户参与。

2.3.2 微博运营小技巧

（1）巧妙利用话题和热点

要时刻关注热点事件和话题，了解当前社会、文化和娱乐的趋势，然后结合自己的行业和领域，选择相关的话题进行讨论和分享，这样可以引起更多人的兴趣和关注。通过发表相关微博，吸引更多的关注和转发。

利用热门事件和时事新闻，结合自己的行业和产品特点，发表有关观点和评论，加入相关的话题标签，利用热度吸引更多的关注和转发，提高微博的曝光度和关注度。

关注用户需求，不断提升自己的内容质量和原创度，通过内容的吸引力和分享价值，提高微博的曝光度和用户互动率。

（2）发布有趣且优质的内容

设计一个有趣的线上互动游戏，让用户参与其中。例如，你可以发布一个谜题或挑战，鼓励用户在评论中回答或解决。提供奖品或奖励给参与度高的用户，可以吸引更多人参与并提升微博的互动性。在正文中，确保用简明扼要的语言将核心信息传达给读者。避免使用过于复杂或冗长的句子，以免让读者感到困惑或失去兴趣。将关键信息放在开头部分，以便读者能够快速获取到重要内容。通过使用加粗、斜体、下划线或不同的字体颜色等格式，强调和突出重要的信息。这样做可以让读者更容易注意到关键内容，确保它们不会被忽视。

（3）精彩的互动同样重要

定期发布新的内容，保持与关键话题的关联。及时更新内容可以吸引网友的持续关注，并激发他们的互动和讨论。常在微博中表达自己的观点和意见，浏览用户的评论，挑选出对话题或内容有深度和见解的精彩评论。这些评论应该能够为其他读者提供新的观点、启发思考或产生共鸣。在表扬网友的评论后，不要忘记在适当的时候感谢他们的参与，并考虑提供一些回馈或奖励，以表达感激之情，这可以进一步激发用户的参与度和忠诚度。

此外，要注意发微博的时间和频率。在热点事件或话题出现后的第一时间发微博，可以吸引更多的关注和转发；而在微博高峰期发微博，也能够获得更多的曝光度。同时，要控制好微博的发文频率，不要一次性发出过多的微博，而是要分散在不同的时间段，避免让用户感到厌烦。

 阅后实践

对标分析微博旅游知名账号

在微博里找到你喜欢的旅游领域中的知名账号，按照以下表格对标分析该旅游自媒体微博的关键维度和要点。通过对这些方面的细致观察与深入分析，将能够洞察其成功的秘诀，进而为自己的微博账号运营找到可借鉴之处，实现吸引力的有效提升。

分析维度	要点说明
内容定位	－确定自媒体微博的核心主题，如旅游攻略、文化探索等 －分析内容是否针对特定受众群体，并满足其需求
内容质量	－评估微博内容的原创性、实用性和独特性 －检查内容是否具备足够的细节和深度，为读者提供价值
视觉效果	－分析微博使用的图片、视频等视觉元素的吸引力和质量 －观察是否注重排版和设计，提升整体视觉效果
互动与参与度	－考察自媒体微博与读者的互动频率和方式，如评论回复、点赞等 －分析其是否通过话题讨论、投票等方式鼓励读者参与
发布策略	－观察微博的发布频率，了解其是否保持稳定的更新节奏 －分析发布时间的选择，是否与读者的活跃时间相匹配
合作与联动	－注意自媒体微博是否与其他相关账号或品牌进行合作推广 －分析其合作对象的选择和合作方式，以及合作带来的效果
用户反馈	－查找读者对自媒体微博的评价和反馈，了解其满意度 －分析自媒体是否及时回应用户反馈，并积极改进

通过以上维度的综合分析，可以更全面地了解某个旅游自媒体微博的运营策略，并借鉴其成功之处，提升自身微博账号的吸引力。记得在分析过程中，保持客观和批判性思维，同时结合自身的特点和目标受众的需求，制定适合的运营策略。

3 抖音：记录美好生活

3.1 谁还记得抖音曾是音乐短视频 App

抖音最初是一款以音乐为主题的短视频 App。2016 年 9 月，抖音（英文名称为"TikTok"）在中国推出，主要功能是让用户拍摄 15 秒钟短视频，用户可以在视频中添加音乐、特效和滤镜等元素，与其他用户互动。随着抖音的成功和扩张，它逐渐在全球范围内获得了广泛的认可和用户基础。截至 2024 年 12 月，抖音和 TikTok 已经成为全球最受欢迎的社交媒体应用之一，拥有超过 26 亿的用户，并且已经成为许多人记录和分享生活的重要工具之一。同时，抖音也不再仅仅是一个音乐短视频 App，它已经扩展到包括美妆、时尚、科技等各个领域的内容，满足了用户日益多样化的需求。

3.2 抖音蹿红的网红城市

抖音，一款短视频 App，在疫情之后迅速蹿红。有人凭借短短的 15 秒钟短视频成了网红，也有的城市通过这 15 秒钟成为无数人打卡的网红城市，西安、重庆、长沙、厦门等，无数城市在抖音上走红。

3.2.1 火锅上的重庆

李子坝视频大家都看过吧？晚上的洪崖洞夜景也没错过吧？还有"你以为我在楼上，其实我在一楼"这句话也不陌生吧？重庆几乎把抖音承包了，抖音上随处可见李子坝轻轨站、洪崖洞夜景、长江索道、重庆火锅、串串等，美景、美食，还有美女让重庆也成为抖音上最火的城市之一，成为当仁不让的"网红城市"以及旅游者打卡的热门城市。许多抖音用户会在重庆旅游时拍摄短视频，分享他们的旅游经历和感受。

3.2.2 不倒翁背后的西安

前有喝摔碗酒，后有"不倒翁小姐姐"，网红城市"西安"就此走红。2017 年底一位用户在抖音上传了在永兴坊喝摔碗酒的视频，从抖音、微博、微信等各大平台迅速爆火，之后有不少网友跟着打卡拍照。在西安的大唐不夜城，一位"不倒翁小姐姐"身穿唐装，罗扇轻舞，随后她的表演被上传到抖音，一时间"大唐不倒翁"的话题播放量达 5.4 亿次，很多人远道而来只为看她一眼。这个事件是在 2019 年由抖音用户拍摄并上传的一段"大唐女子绝美牵手"短视频而走红。这个短视频一经上传就引起了广泛的关注和热议，不仅让更多人知道了西安这座城市，也让不少人对这位"不倒翁小姐姐"产生了浓厚的兴趣。

西安大唐不夜城火出圈之后，西安大大小小的美食火爆抖音，如肉夹馍、凉皮、羊肉泡馍等。许多抖音用户会在西安的小吃摊前拍摄短视频，介绍当地的特色美食。

西安拥有着美丽的风景名胜，如华山、秦岭、钟楼、小雁塔等。这些景点在抖音上也得到了广泛的展示和推广，许多抖音用户会在这些景点拍摄短视频，分享他们的旅游经历和感受。

3.2.3 湖湘风光中的长沙

"特色美食 + 网红地标 + 人文底蕴 = 网红长沙"。

长沙的美食遍地开花，从茶颜悦色、文和友、臭豆腐、糖油粑粑到虎头局、墨茉点心局再到现在一座难求的笨萝卜等，长沙本土特色餐饮品牌成为长沙的流量 IP。这些地方已成为来长沙旅游的必打卡点，文和友在高峰时期排队两万桌，茶颜悦色到深圳、武汉的快闪店最长排队 8 小时，被黄牛炒到 200 多元一杯，晚上十点到笨萝卜排号时前面已经有 100 多桌在等候。不断有相关类似话题让长沙登上热搜，吸引年轻人参与打卡，这就是长沙美食独特的魅力。

随着《守护解放西》的火爆出圈，抖音热搜榜上"长沙坡子街派出所回应成打卡地"话题不断被激活，越来越多的人到黄兴广场步行街打卡拍照，上传抖音。橘子洲头与毛爷爷合照、岳麓山缆车、谢子龙影像馆、Kaws 雕塑、湖南省博物馆等这些都成了来长沙必打卡之地，随便找个旅游者的攻略你会发现一定会有这些景点的身影。

不仅如此，长沙曾凭借三八妇女节的粉红色斑马线、七夕节的爱心红绿灯、城市灯光秀、烟花等创意活动让长沙涌现出一个个新的标志性景点。这些城市创意行为也让长沙一步步走向网红城市中的"顶流"。

3.3 震惊了！掌握这些运营小技巧，快速涨粉不是梦

有了我今天分享的运营小技巧，你保证能快速涨粉。但是别着急，在分享之前，先来了解一下抖音的运营机制，俗话说得好，知己知彼，百战不殆！

3.3.1 抖音运营三大机制

（1）去中心化

什么是去中心化呢？其实非常简单，说白了就是只要你发布的内容足够吸引人，粉丝肯定会快速往上涨。也就是说，尽管你关注了某个美妆博主，但是你可能不会经常刷到她的视频。这是为什么呢，这就跟抖音的审核机制也就是去中心化有关了。你刷不到她的视频跟你是不是她的粉丝是无关的，只跟她的视频内容有关。也就是说你的内容质量越高，你的视频就越有可能被更多的人刷到，播放量也就越高。这个特点也给了新人不少机会，只要你的视频内容质量高，那么你的视频就能被更多的人看到。

（2）叠加推荐

所谓叠加推荐说白了就是你发布视频之后，抖音会把你的视频推荐给一定的人

看，如果这个时候观看的人数较多或者转发量比较高，那么恭喜你，系统认为你的视频还不错，会再推荐给一些人看，如此循环，只要你的视频质量不错，那么你就会获得不少的推荐量。

（3）查重机制

抖音保护原创，所以为了避免抄袭搬运，抖音有了查重机制。一旦你的视频跟别人的视频相似度太高或者被抖音认为是抄袭，那么你就无法得到推荐，甚至还有可能会被封号。总之，要想火，咱就发原创。

3.3.2 抖音运营技巧

（1）创意视频内容

抖音是一个以短视频为主的社交平台，创作吸引人的视频内容是最基本的运营技巧。创意的视频可以是有趣的短剧、舞蹈、唱歌、美食制作等，可以结合自己的专业领域或兴趣爱好来创作。这样可以让用户更好地了解你，同时也可以吸引更多的关注和互动。

（2）使用热门话题

抖音上有很多热门话题和挑战赛，参与其中可以吸引更多的关注和互动。通过了解用户的兴趣点和话题热度，有针对性地制作内容，可以让你的视频更加有吸引力，同时也能吸引更多的粉丝。

（3）利用抖音的特色功能

抖音平台有很多特色功能，如直播、短视频剪辑、特效滤镜等，可以充分利用这些功能，制作出独特、有趣、有互动性的内容，吸引用户的关注和互动。抖音以音乐短视频为主要特色，可以通过使用热门音乐来吸引用户的注意。选择与自己内容匹配的热门音乐，可以提高视频的曝光和分享概率。

（4）频繁互动

通过点赞和评论其他用户的视频，可以增加自己的曝光率和关注度。同时，互动也是一个很好的社交方式，可以扩大自己的社交圈。一是可以通过主动关注和评论其他用户的视频来吸引更多的关注和互动。二是可以利用抖音的关注、私信、评论等社交功能与用户进行互动，提高用户的黏性和忠诚度。三是可以通过私信用户，回复他们的评论或提问，或者邀请他们加入自己的粉丝群。

（5）关注用户趋势

抖音上的用户兴趣和趋势时刻在变化，可以通过关注热门话题、流行音乐、挑战和时事热点等，制作符合用户兴趣和需求的内容，提高曝光度和分享概率。

（6）合作跨界互推

可以与其他抖音用户、KOL或品牌合作，进行跨界互推，互相引流和合作，提高曝光度和粉丝增长效果。与其他抖音网红合作可以吸引更多的关注和互动。可以邀请其他抖音网红参与自己的视频拍摄，或者与其他抖音网红合作发布内容。这样可以吸引更多的粉丝和流量，提高自己的曝光率和影响力。

 阅后实践

抖音中的网红城市探索与旅游自媒体运营借鉴

活动目的：

1. 深入了解抖音平台如何助力城市成为网红。
2. 观察并分析旅游自媒体如何在抖音上打造吸引力。
3. 探索如何将成功的自媒体运营策略应用到个人或品牌账号中。

探索问题：

1. 抖音是如何通过其特色功能和运营机制推动城市走红的？
2. 旅游自媒体在抖音上有哪些成功的运营案例？
3. 这些成功的案例中有哪些值得借鉴的运营策略和技巧？

填写表格：

网红城市	走红元素	旅游自媒体运营策略	可借鉴点
重庆	美景（洪崖洞、李子坝等）、美食（火锅、串串等）	1.展示城市独特风貌和地道美食。2.结合热门话题和挑战赛	1.挖掘并突出地域特色。2.及时跟进热点，增加曝光
西安	历史遗迹（华山等）、特色美食（肉夹馍、凉皮等）	1.通过历史文化内容吸引关注。2.创意短视频展示城市魅力	1.结合城市文化底蕴，打造有深度的内容。2.利用创意视频吸引用户兴趣
长沙	特色美食（茶颜悦色、文和友等）、地标（橘子洲头等）	1.展示本土特色餐饮品牌和文化。2.通过城市活动和地标吸引打卡	1.突出本土特色，形成品牌效应。2.创新城市活动，提高用户参与度

填写说明：

1. 网红城市：列举在抖音平台上走红的城市。
2. 走红元素：分析这些城市在抖音上走红的关键因素。
3. 旅游自媒体运营策略：总结旅游自媒体如何利用抖音平台进行有效的运营。
4. 可借鉴点：提炼出适用于个人或品牌账号的运营策略和技巧。

根据前面三个举例，再找到三个你关注的网红城市或网红项目进行分析，最好包括你所在的城市。

后续建议：

1. 持续关注抖音上的热门话题和趋势，及时调整内容策略。

2. 深入挖掘所在城市或关注城市的地域特色和文化底蕴，打造有吸引力的内容。

3. 学习并尝试使用抖音平台的特色功能和工具，提高内容的互动性和吸引力。

4. 积极与其他自媒体或 KOL 进行合作，扩大影响力，实现互利共赢。

通过以上实践，可以更深入地了解抖音平台如何助力城市成为网红城市，并从成功的旅游自媒体案例中汲取灵感和经验，为个人或品牌的抖音账号运营提供有益的参考和借鉴。

4 小红书：标记我的生活

4.1 小红书的前半生：海外购物分享社区

2013 年 6 月，小红书在上海成立。在刚成立时，中国跨境旅游市场正处于高速发展时期，而且在境外的人均消费还不低，但大多数的人出国之后不知道买什么，对国外的许多品牌都不熟悉，小红书精准捕捉到这一市场需求，将这一 App 定位于海外购物分享社区，吸引大量的购物爱好者注册。到了 2014 年，上线"福利社"从分享社区进化成电商，以此来解决另一个问题，也就是怎么买的问题。有条件的用户知道买什么之后可以出国买，但还有一些没有条件的人怎么买呢？于是小红书抓住了这一痛点。因此，小红书的定位已经演变成了购物分享社区＋电商的模式。

这也是小红书很有意思的一个点，许多用户购买产品之后就会发一篇小红书，分享自己的真实感受，而一些准备购买的用户通过搜索之后会更加有购买的想法，并且还有一些有购买动机但动机并不太强烈的用户也会由于反复刷到商品相关的帖子而加强购买的想法，如此一来，能推动大量的用户去购买，而这些购买了的用户又会回来反馈，形成一个圈。所以现在小红书有一句很火的话叫作——关于我一打开小红书就花了 ×× 钱这件事。

2019 年，小红书宣布正式入局直播电商。2021 年，推行"号店一体"机制，降低了开店的门槛，2023 年 3 月，小红书新增文旅板块，至此小红书的旅游商业模式已基本形成。

4.2 穿搭、美妆、旅游你想要的这里都有

从小红书的发展经历不难看出，它的用户群体主要是女性，而且是爱购物、爱分享的女性。从一开始的海外购物分享发展到现在，小红书目前比较火的领域有美妆护肤、时尚穿搭、家居家装、运动健身、旅游、美食等。

4.2.1 时尚穿搭 lab

小红书是一个非常受欢迎的时尚穿搭社区，其中有数以百万计的用户分享他们

的时尚灵感和穿搭建议。这个社区会聚了来自各个领域的时尚爱好者和专业人士，从高端时尚到奢侈品牌，从鞋类到配饰，几乎覆盖了所有方面。

用户可以在小红书上找到各种时尚灵感和建议，例如如何搭配不同的服饰、如何穿出不同的风格、如何选购合适的鞋子和配饰等。用户也可以在小红书上浏览其他用户的穿搭分享，了解流行趋势和时尚文化。

例如，"身为梨形身材的我，非常不好买裤子，又不想天天穿阔腿裤，于是就在小红书搜梨形穿搭，有一个跟我身材差不多的博主吸引了我的眼球，她的标题几乎都是适合梨形穿的几条平价牛仔裤测评来喽等，简直就是我的救星啊。关注她的这段时间我也亲眼看见她从默默无闻到十几万粉丝，再到开淘宝店铺，全程不到半年时间，真的令人惊叹啊！"

4.2.2 行走的种草 App

小红书之所以拥有较好的"种草"效果，主要有以下几个原因：

（1）社交属性强

小红书是一个基于社交网络的平台，用户可以通过分享自己的生活经验、购物体验和心得，与其他用户进行交流和互动。这种社交属性可以增加用户的互动和参与感，也能够增加用户对他人分享的商品和使用体验的信任度和认可度。

（2）个性化推荐

小红书利用用户数据分析和机器学习技术，对用户的兴趣和偏好进行精准分析和推荐。通过个性化的推荐，用户可以更容易地找到符合自己需求和口味的商品和内容，也能够更容易地被商品吸引和"种草"。

（3）用户口碑推荐

小红书用户具有高度的社交影响力，用户的分享和推荐能够直接影响其他用户的消费决策。同时，小红书对用户的分享和推荐进行了审核和筛选，保证了内容的可信度和质量，也增加了用户对推荐商品的信任度和认可度。

（4）社交电商模式

小红书采用了社交电商模式，用户可以在平台上直接购买自己感兴趣的商品。这种模式可以让用户更容易地将"种草"转化为购买行为，也能够让品牌和商家更容易通过社交网络获取销售渠道和用户黏性。

4.2.3 自助游的活 map

小红书上的用户经常分享自己的旅行经验、景点推荐、美食攻略和旅行路线等信息，这些信息可以帮助其他用户更好地规划和安排他们的旅行。

通过小红书，用户可以找到详细的旅行攻略，攻略通常会提供相关景点的介绍、推荐的行程安排、交通方式、当地特色美食、购物场所等详细信息。通过阅读攻略，用户可以获取灵感和想法，包括想要参观的景点、尝试的美食、购物的地方等。用户可以收藏攻略，以便日后查看和参考。用户还可以浏览其他用户分享的照片和游记，了解真实的旅行体验和感受。

小红书上的用户分享旅行经验和攻略的频率非常高，这使得平台上的信息保持着相对的实时性。无论是新开的餐厅、流行的景点还是最新的旅行趋势，用户都能通过小红书获取到最新的信息和建议。

4.3 小红书运营技巧大揭秘

作为一个年轻、时尚、多元的社交平台，小红书吸引了数以亿计的年轻用户，并成为品牌和商家争相合作的热门渠道，许多人通过经营小红书账号成为百万博主，这个成功的背后不仅仅是凭借运气，而是小红书独特的运营技巧和策略的巧妙运用。

4.3.1 "红薯"们爱看什么

小红书的用户大部分都是女性，而且是年轻女性，年轻女性的兴趣点不外乎就是化妆、美食打卡、景点打卡、穿搭这些，所以小红书上最火的板块就是美妆、护肤、旅游、美食等。所以如果你想做旅游网络红人，那么你可以给大家分享××地的旅游攻略、××地的旅游 vlog 做大家的电子榨菜、××地的美食打卡、如何用××价买到××地景点门票等，这些是都是"红薯"们（"红薯"是小红书用户的统称）爱看的，爱搜索的。所以，在动笔写前，你要确定用户爱看什么，还是那句话，知己知彼，百战百胜。

4.3.2 小红书的长尾效应

小红书的流量存在一定的长尾性。当一篇达人推广的笔记成为爆文后，它会引起广大用户的关注和阅读，进而带来更多的流量和曝光。对于达人而言，一篇爆文的出现可以带来更多的关注和粉丝，对其个人账号的发展是有利的。因此，达人通常不会主动删除这些爆文，而是会继续保留它们，以继续吸引更多的流量和用户。同时，小红书官方也会在一定程度上给予这些爆文持续的流量扶持。当一篇笔记在平台上获得了良好的反响和曝光后，它有可能通过搜索引擎或平台内的推荐算法被持续推荐给更多的用户，从而增加流量。具体的流量扶持方式可能包括在推荐页面或热门榜单中推荐该篇爆文，提高其曝光度和点击率，进一步增加流量。这种流量扶持的目的是维持用户的兴趣和活跃度，并提供更多有价值的内容给用户。

小红书的内容在平台上被持续搜索，即使一篇笔记发布后有一段时间了，它仍然可以通过搜索引擎或平台内的搜索功能被用户找到。这使得优质的内容可以长期保持曝光度，为用户提供持续的参考和购物指南。这种流量的持续性是小红书平台对优质内容创作者发出的一种肯定和认可的信号。

4.3.3 怎样占领小红书关键词

小红书的流量主要由两部分构成，一种是推荐浏览，小红书的笔记在发布后，首先会被系统打上一系列标签，尝试性地推荐给对这些标签感兴趣的粉丝，比如平时爱看旅游类的文章,平台就会推荐更多旅游类的文章给你;另一种是搜索流量,用户直接到搜索栏中搜索想要的信息,如果你发布的内容恰好是用户想看的,那么你的笔记在半年甚至一年以后都能被用户看见,如果你想在小红书上通过搜索获得更精确的用户需求,提前设置好关键词是一个重要的策略。

(1)研究关键词

进行深入的关键词研究,了解用户在小红书上的搜索习惯和需求。可以利用小红书的搜索功能、相关推荐、热门标签等来寻找与你的内容相关的关键词。同时,还可以借助一些关键词研究工具,如 Google 关键词规划工具、百度指数等,来获取更多的关键词相关数据。

(2)标题中带有关键词

在笔记标题中使用相关的关键词,关键词最好能够准确地概括笔记的内容,尽量将关键词放在标题的前面,这样在搜索结果中更容易被用户注意到。并且避免使用过长或模糊的标题,要让用户一目了然地知道笔记的主题。

(3)文章开头也不可缺少关键词

在文章开头描述与关键词相关的问题或情境,以引起读者的兴趣和共鸣。通过以问题为导向或提出引人入胜的观点,吸引读者进一步探索你的文章。

在文章开头的段落中,通过加粗、斜体、引用符号等方式来强调关键词。这样可以让读者更容易注意到关键词,并与文章主题建立联系。

在文章开头,简要概述接下来将要涉及的关键词相关内容。这样可以帮助读者快速了解文章的结构和主要内容,同时增加与关键词的相关性。

(4)注意关键词密度和分布

避免过度堆砌关键词,以免被搜索引擎视为垃圾内容或作弊行为。关键词密度应该合理、适度,以确保内容的自然流畅。尽量将关键词放在段落的开头或重要位置,这样更容易被搜索引擎和用户注意到。

4.3.4 怎样让更多人看到你的笔记

(1)关注其他用户:在小红书上关注其他用户,给他们点赞和评论,互动会增加你的曝光率,也会吸引更多的用户来访问你的主页和笔记。

(2)使用热门标签:使用一些热门标签可以让你的笔记更容易被发现,因为用户可以通过标签来搜索相关内容。但是,标签也要与你的笔记内容相关,不要随意使用无关的标签。

(3)发布高质量内容:在小红书上发布高质量的内容可以吸引更多的用户,因为用户会喜欢有用的和有趣的内容。注意排版和图片质量,让你的笔记更易读和吸引人。

(4)参与小红书活动:小红书经常会有各种活动和挑战,参与这些活动可以增加你的曝光率,也可以与其他用户互动交流。

（5）分享到社交媒体：在其他社交媒体平台上分享你的小红书笔记，比如微博、微信等，可以让更多的人知道你的内容，增加曝光率。

（6）加入小红书社群：加入小红书的一些社群，可以与志同道合的用户交流，也可以在社群里分享自己的笔记，增加曝光率。

阅后实践

小红书账号分析与关键词奥秘探索

活动目的：

通过实践活动，让读者深入理解和应用小红书旅游达人账号的分析方法，分析并学习成功小红书账号的运营技巧，探索关键词在小红书内容推广中的作用，掌握如何提升种草效果和关键词占领策略，从而为自己的小红书账号运营提供指导。

探索问题：

1. ［账号名称］是如何定位其内容方向的？
2. ［账号名称］发布的笔记中，哪些关键词经常出现，且与其内容定位紧密相关？
3. 这些关键词是如何帮助［账号名称］吸引目标受众的？
4. 如何准确分析并定位自己的小红书旅游达人账号？
5. 哪些内容特点能够吸引更多用户关注和互动？
6. 如何通过关键词占领策略提高笔记的搜索曝光率和用户转化率？

填写表格：

账号分析	示范分析	您的分析
旅游达人账号名称	行走的××	
账号定位	专注于国内外旅游攻略、酒店评测	
内容特点	1. 高清美图，展示旅游景点真实风貌 2. 详细攻略，包括交通、住宿、餐饮等信息 3. 个人旅行体验分享，增加互动与真实感	
粉丝画像	喜欢旅行、追求品质生活的年轻人	
种草效果	1. 笔记收藏量高，用户喜欢保存攻略备用 2. 点赞、评论互动多，用户愿意与达人交流旅行心得 3. 转化率较高，达人推荐的酒店、景点常有用户尝试	

续表

账号分析	示范分析	您的分析
关键词占领策略	1. 标题优化：如"独家揭秘！××地不为人知的旅行景点"	
	2. 内容布局：攻略中穿插"必去景点""推荐酒店"等关键词	
	3. 标签使用：添加与旅游攻略相关的热门标签，提高搜索曝光率	
	4. 互动引导：鼓励用户留言互动，提高笔记在相关话题下的活跃度	

在这个表格中，您可以根据示范分析填写自己的旅游达人账号分析。通过对比示范分析和您的分析，您可以更好地了解如何优化自己的小红书旅游达人账号，提高种草效果和关键词占领能力。

5 B站：Z世代的精神家园

5.1 靠着二次元出圈

"B站"最初就是以ACG（动画、漫画、游戏）为主题的弹幕视频网站，它提供了大量的二次元相关内容，包括动画片、漫画、游戏攻略、角色扮演等。B站的用户主要是喜爱二次元文化的年轻人，他们在这个平台上可以找到自己喜欢的作品，与其他同好交流，分享创作和观点。

5.2 二次元+Z世代=B站的灵魂

B站真正核心用户是"Z世代"人群，这是因为有数据表明，B站用户的平均年龄在23岁左右，并且有一半以上的年轻人都在使用B站，并且预计未来广义"Z世代"用户的渗透率将会达到70%左右。那么这些人在B站到底看些什么呢？刚成立时，大部分的B站用户主要集中在动画、游戏、音乐的区域，但是慢慢地，随着用户多了起来，越来越多的兴趣圈层在B站集结，美妆、美食、旅游、汽车、资讯甚至还有知识分区，是不是有点儿惊讶。许多名师学者都纷纷入驻B站，比如中国科学院院士汪品先、中国政法大学教授罗翔老师等，B站俨然成了重要的学习平台。当然，B站最大的领域还是二次元动画以及游戏。

5.2.1 B站——中国二次元文化的代表

"B站"（哔哩哔哩）之所以被称为中国二次元文化的代表是因为它作为一个以

ACG 为主题的网站，提供了大量的二次元相关内容，包括动画、漫画、游戏、轻小说等。这些内容覆盖了广泛的题材和类型，满足了广大二次元爱好者的需求。

B 站最初引入的弹幕评论系统是其独特之处之一。这种实时弹幕评论方式让用户可以在观看视频的同时，以滚动字幕的形式发送评论，与其他观众交流和互动。这种社交互动的方式在二次元文化中非常受欢迎，强调了共同观看和分享的体验，也形成了 B 站特有的社区氛围。虽然不是第一个开创二次元弹幕互动的网站，但是 B 站却是最稳定的，以至于脱颖而出。在发展初期，有各种各样的弹幕，玩梗、翻译、讨论剧情等吸引了一大波二次元迷入驻 B 站，当然，也有了看动漫必开弹幕的习惯。在弹幕中，大家可以自由地发表观点，毕竟也没人知道这个弹幕是谁发的，就算想找你吵架也没辙，只能在后面继续发弹幕，而对于看视频的用户来说还挺有趣的，能带来一定的视觉刺激，所以弹幕逐渐成为年轻人的一种交流方式，这也是 B 站另一个出圈点。

B 站经常举办二次元相关的活动，如动漫展览、同人创作比赛、线下聚会等。这些活动吸引了大量的参与者和粉丝，形成了一个庞大的二次元社群。社群成员之间可以分享兴趣、交流经验，并共同推动二次元文化的发展。

5.2.2 B 站——助力二品创牌"破圈"

神曲、热梗、鬼畜、魔性舞蹈……B 站有趣又极具创意的 UGC "二创"文化氛围让品牌跳出原有的"盒子"，打破营销传播的瓶颈，积累宝贵且差异化的内容资产，并真正走进消费者心中。

无论是一则广告、一张海报、一句文案，还是外包装设计、店铺营造的氛围感等，内容和产品都可以成为"二创"的灵感来源。品牌既要"玩得起"，鼓励消费者"二创"，又要"玩得好"，为消费者提供"二创"空间，降低"二创"门槛。

B 站的"二创"为消费者、品牌、平台本身带来了"三赢"。消费者将内容或者产品经过改造变成独一无二的创意单品，获得了参与感、沉浸感与价值感，让品牌真正融入了生活；品牌既获得了消费者，也收获了诸多低成本甚至免费的传播者，他们为品牌自发地传播价值，通过各种各样的创意输出不断强化品牌心智；而平台由于优质的 UGC 内容而吸引到更多流量与喜爱。

5.2.3 Z 世代——数字原生的年青一代

Z 世代成长于数字技术迅速发展的时代，他们从小就接触到智能手机、社交媒体、互联网等现代科技产品。他们对数字设备和互联网的使用非常熟练，成为数字原生的一代。他们积极参与内容创作和推广，Z 世代在网络上形成了独特的文化和流行趋势。他们喜欢与网络上的其他用户分享创意、追求个性化，并对网络迷因、网络红人等现象有着较高的关注度。他们中有大量的人积极参与内容创作和推广，且参与度高于平均水平。

他们希望通过内容创作来表达和展现自己，而 B 站提供了一个创作和分享的平台。许多Z世代的年轻人在B站上展示自己的二次元相关作品，包括自制动画、翻唱、cosplay等。他们可以通过弹幕评论、点赞和关注等方式与其他用户进行互动，形成一个庞大的创作和社交社区。

同时他们也希望通过内容进行互动，弹幕评论是B站的独特功能，也是Z世代喜欢的一种社交互动方式。通过弹幕评论，Z世代的年轻人可以实时分享自己的观点、评论和反应，与其他观众进行互动，营造共同观看的体验。

5.3 如果你是B站UP主，你怎么迅速"上位"

5.3.1 找准你的垂直领域

其实核心就是要找到自己的定位，你想要做哪方面的UP主，例如美食鉴赏、生活分享、游戏解说、段子搞笑、知识科普、旅游分享等。

首先，你需要对自己进行自我评估。考虑你的兴趣、技能、知识和经验。思考你对哪些领域特别感兴趣，以及你在哪些领域有独特的知识或技能。进行广泛的探索和研究，了解不同的领域和行业。阅读相关的书籍、文章，关注行业动态和趋势，参与相关的讨论和活动。这样可以帮助你更好地了解不同领域的特点和机会。

其次，要考虑不同领域的市场需求和潜在机会。观察当前的市场趋势和发展方向，思考哪些领域具有潜在的增长和发展空间。寻找有市场需求但相对较少竞争的领域可能是一个好的选择。你也要思考，用户有这方面的需求吗？这个市场潜力大吗？

思考自己如何能够提供独特的价值和服务，以吸引目标受众。找到自己的特色和个人定位，能够帮助你在垂直领域中脱颖而出，并建立起竞争优势。

5.3.2 好开头+时间短=留住用户

在当今的社会中，生活节奏快，吸引用户并留住他们的关键是在有限的时间内打动他们。一个好的开头可以起到关键的作用，它能够迅速吸引用户的注意并激发他们的兴趣，使他们愿意继续阅读或评论你的内容。

视频越长，用户就越难看完。大部分用户一看，这么长的视频，就是二倍速也不行，很可能就会划走你的视频。所以视频时间尽量控制在5~8分钟。当然，视频还要有好的开头，开头你要在30秒钟内简单介绍一下视频的亮点，或者你能给用户提供什么帮助，留住你的用户。

一个好的开头应该是引人入胜的。它可以从一个令人惊讶、引人入胜的事实或故事开始，让用户感到好奇和兴奋。这样的开头可以迅速建立起与用户的情感联系，激发他们的好奇心和求知欲。

例如："夜幕降临，一座古老的城市开始揭开它的神秘面纱。狭窄的巷弄里飘散着诱人的香气，街边摊位上摆满了各式美食的诱人盛宴。当你迈入这条热闹喧嚣的美食街，仿佛整个世界都在等待着你。让我们一同踏上这场令人垂涎欲滴的美食之旅，探寻城市背后的独特故事和味觉奇迹！"

一个好的开头要能够清晰地传达你的核心信息或主题。在短时间内，用户需要明确了解你的内容将涉及的主题或提供的价值。这样可以帮助用户快速判断是否感兴趣，并决定是否继续看下去。

例如："hello，我是带你探索世界各地的美食宝藏的Jerry，欢迎来到美食之旅，这里汇聚了世界上最美味的料理与独特的烹饪传统。从香辣的墨西哥巧克力到精致的法式烹饪，我将带你探索令人垂涎欲滴的美食世界。准备好了吗？让我们开启这场舌尖上的盛宴吧！"

一个好的开头还应该是简洁明了的。在有限的时间内，用户没有时间观看冗长的介绍或说明性描述。因此，用简洁的语言和精确的表达，将你的核心信息传递给用户。这样可以节省时间，并让用户更容易理解你的内容。

例如："hello，我是带你探索世界各地的美食宝藏的Jerry，今天我要带你们探寻的美食城汇聚了从香辣的墨西哥巧克力到精致的法式烹饪的美味料理，让我们一起去看看吧！"

5.3.3 高质量视频的必要不充分条件

视频时间短，内容多，吐字还要清晰，怎么办？当然是上字幕。咱又不是播音主持专业毕业的，很难让观众没有字幕就能听清所有的内容，所以有了字幕就方便多了。还有一个就是设备，不是说使用多昂贵的设备，而是要画面对焦准确，收音正常，毕竟观众不是来听哑剧的。

通过字幕，你可以突出强调视频中的重要信息、关键词或引人入胜的台词。这有助于观众更好地理解你的内容，并能够在回顾时轻松找到重点。字幕可以帮助观众更好地理解你的内容，尤其是在有口音、快节奏或特殊术语的情况下。这可以增加观众对视频的吸引力，并鼓励他们观看完整的视频，提高观看时长和观众参与度。

无论是由于听力问题、噪声干扰或其他原因，观众通过字幕能够理解你的内容，增加他们与你的互动和参与。

阅后实践

《100年重塑山河》出圈记

背景资料：

《100年重塑山河》是星球研究所的力作，以独特的视角展现了中国百年来地理面貌的巨变。视频一经发布，便以其震撼的影像和深入的内容吸引了亿万观众，涨粉30万，播放量迅速突破1亿大关，并相继被新华网、人民网转载。

活动目的：

1. 深入理解《100年重塑山河》旅游长视频的火爆与出圈要素。

2. 学会运用所提供的分析框架，对其他 B 站旅游视频进行对标分析。
3. 提升自身的内容分析能力和视频创作鉴赏力。

探索问题：
1.《100 年重塑山河》旅游长视频中有哪些关键元素促成了其火爆和出圈？
2. 如何有效分析 B 站上的旅游视频质量？
3. 哪些元素在你的对标视频中表现突出，与《100 年重塑山河》有何异同？

填写表格：
登录 B 站，从旅游类视频中挑选一条自己喜欢的长视频作为对标分析对象。

分析维度	火爆与出圈原因	你挑选的视频
选题与时机	契合建党 100 周年的情绪氛围，以地理视角解读中国的崛起历程，引发观众共鸣	
	选题"重塑山河"具有宏大的叙事背景，吸引观众对国家发展历程的好奇心	
内容框架	采用"连接—重组—修复"的清晰框架，逻辑简练，易于观众理解	
	翔实的数据和资料支撑，使得建设成果展示具有说服力	
视觉呈现	唯美的画面与直观的视觉表达，如 3D 视觉图、地图动态展示等，提升观众的观看体验	
	航拍画面与工程展示相结合，增强政策工程的代入感和说服力	
情感传递	金句频出，如"没有一个民族的崛起是命中注定的"，引发观众情感共鸣	
	通过科普传递科学浪漫，帮助观众跨越理解门槛，感受科学的魅力	
传播策略	首选微信视频号和 B 站作为发布平台，利用已有的粉丝基础进行初期传播	
	配合视频号、朋友圈的点赞裂变机制，扩大传播范围，达到破亿效果	

后续建议：
1. 使用上述表格中的分析维度（选题与时机、内容框架、视觉呈现、情感传递、传播策略），对所选视频进行详细分析。
2. 填写每个维度的具体分析内容，可以参考但不限于《100 年重塑山河》的分析示例。
3. 对比《100 年重塑山河》与所选视频的异同点。
4. 分析所选视频在哪些维度上表现突出，哪些维度有待提升。
5. 思考如何从《100 年重塑山河》的成功经验中借鉴并应用到未来的视频创作或评估中。

6 携程、大众点评、马蜂窝

6.1 携程：不仅仅是你的在线旅行社

携程对很多人来说就是在线票务公司，各个供应商可以把产品放在这上面进行销售，消费者可以从这上面购买想要的产品，所以携程也有这样的口号，携程在手，说走就走。确实是这样，出去玩咱们要订酒店吧，要订门票吧，要订车票吧，还要接机送机，这些携程都可以解决，甚至还可以向你推荐当地导游，推荐游玩景区，不管你是自驾游还是跟团游玩，携程上都可以找到。

作为一个旅游网红，你可以利用携程这个平台来扩大自己的影响力并获得一定收入。以下是一些建议：

（1）开通携程达人账号

在携程上创建达人账号，发布旅行攻略、游记、照片和视频等内容，吸引粉丝关注。

（2）参与携程达人计划

成为携程达人后，可以参加携程官方组织的各种活动和任务，例如写游记、分享攻略、参加线下活动等，从而获得积分、礼品或现金奖励。

（3）推荐旅游产品

在携程上推荐自己喜欢的旅游产品，如酒店、景点门票、旅行团等，通过分享产品链接或二维码，吸引粉丝购买。每次粉丝通过你的推荐购买产品，你都可以获得一定比例的佣金。

（4）旅游定制服务

如果你具备专业的旅游知识和经验，可以提供旅游定制服务，为粉丝量身定制行程、预订酒店和门票等。通过提供高品质的服务，可以收取一定的服务费。

（5）与携程合作推广

与携程官方展开合作，参与携程推广活动，分享携程优惠券、活动信息等，为粉丝提供实惠的旅游产品，同时提升自己的知名度。

（6）跨平台推广

在其他社交媒体平台（如抖音、微信公众号、小红书等）发布你在携程上的内容，引导粉丝关注你的携程达人账号，从而扩大影响力。

通过以上方式，你可以在携程上扩大自己的影响力，并通过推广旅游产品、提供旅游定制服务等方式获得一定收入。同时，携程作为国内知名的在线旅游平台，拥有庞大的用户基础，有助于你进一步提升个人品牌价值。

6.2 大众点评：探店的本地生活

"我们的使命就是要提供中国最优秀的本地生活消费平台。"我想大众点评做到了。从 2003 年成立至今，大众点评已经覆盖到了城市消费的方方面面，美食、酒店、租车、运动健身、休闲娱乐、购物、生活服务、美容美发、亲子活动、周边游、外卖，甚至你结婚所需的一切消费都可以在这上面找到，只有你想不到，没有它覆盖不到的地方。你可以在大众点评上面查看各类商家的服务信息、用户评论、预约等。

犹记得当大众点评红极一时的时候美团、口碑这些 App 还不太起眼。要是放假了想跟小姐妹出去找个店吃饭都会先在大众点评上搜索一下商家的客户评价，或者在上面看看有没有商家优惠，有闲心的还会在用餐完之后再去评价。当时的评价都是消费者的真实体验跟感受，并且商家也会非常注重用户的评价。但现在，如果你要在大众点评或者美团上找到真实的评价那估计有点儿困难，大部分的商家会用消费优惠或者其他方式引导用户发表一些不太真实的评论，从而误导其他用户。当然，还有一些商家就更聪明了，邀请一些具有一定粉丝数量的用户撰写推广内容，引导用户消费。这个时候一个新的职业也应运而生——探店达人。

那些探店达人发布的笔记或者说评价都是精心排版过的，从标题到图片再到内容，有创意又吸引人。

当探店达人在大众点评上积极参与并发布高质量的内容时，他们可以建立起专业认可和良好口碑。其他用户在选择探店目标时，可能会参考探店达人在大众点评上的评价和推荐，从而提高探店达人的影响力和知名度。

当探店达人的点评和推荐在大众点评上得到认可和关注时，商家可能会主动与探店达人合作，邀请他们体验和推广自己的产品或服务。这为探店达人带来了商业机会，例如免费试用、赞助合作、推广合作等，有助于探店达人在探店领域获得更多的资源和收益。

大众点评最大的优势就是抓住了年轻人的市场——吃喝玩乐，抓住本地生活。现在，随着探店达人的兴起，大众点评也抓住了这个风口，邀请探店达人进店品尝，发布视频或软文笔记，通过吸引顾客来促进达成交易闭环。

6.3 马蜂窝：国内最大的旅游社交平台

马蜂窝最初的业务包括语言翻译、旅行记录、旅行预订，可以说马蜂窝的前身就是旅行攻略。马蜂窝这样介绍自己："马蜂窝是中国领先的自由行服务平台。"它的口号是"旅行之前，先上马蜂窝"，因此我们不难看出马蜂窝的用户群体是爱自由、喜欢自由行的年轻人，它的产品也定位于提供旅游攻略，告诉用户哪里好吃、哪里好看、哪里好玩、哪里适合拍照。所以就有了以下的使用场景：

小李是一名旅游爱好者，有假期就会和女朋友出去游玩。一次十一长假，他计划和朋友去西安逛大唐不夜城，准备自己做攻略，不报旅游团，全程一共5天时间。为了做出令女朋友满意的攻略，确保行程的万无一失，他全网搜索攻略，但发现都没找到自己想要的，后来有人建议他要不去马蜂窝上找一找，或许有收获呢。果然，马蜂窝上有大量的西安旅游攻略，还有问答的功能，甚至做好行程安排之后就可以直接在马蜂窝上预订酒店跟门票了。后来还将自己的旅行计划发在了马蜂窝上，收获了不少的粉丝。

马蜂窝以"内容+交易"的模式出圈，吸引了许多爱旅游、爱分享旅游的用户，让用户可以制定详细的旅游攻略，找到喜欢的旅游达人，发布笔记形成自己的攻略，与众多的旅行人在社区讨论，成为一款主打旅行社交的产品，有超过1000万篇旅游攻略，百万旅行达人，并凭借这样的优势成了国内最大的旅游社交平台。

 阅后实践

探索旅游社交平台的影响力与商业价值

活动目的：

1. 深入了解携程、大众点评、马蜂窝等旅游社交平台的功能与特点。
2. 分析旅游社交平台如何助力旅游网红扩大影响力并获得收入。
3. 探索用户在旅游社交平台上的行为模式及需求。

探索问题：

1. 携程、大众点评、马蜂窝各自的核心竞争力是什么？
2. 这些平台如何帮助旅游网红实现商业变现？
3. 用户在使用这些旅游社交平台时，最看重哪些方面的体验？

参考表格：

平台名称	核心竞争力	网红变现方式	用户看重体验方面
携程	一站式旅游服务	旅游产品推广、定制服务	便捷性、产品丰富度、服务质量
大众点评	本地生活消费指南	探店推广、内容创作	真实性、优惠信息、内容质量
马蜂窝	旅游攻略与社交	攻略分享、旅游产品推荐	攻略专业性、社区互动性、个性化推荐

后续建议：

对于旅游网红，应充分利用各平台的特色功能，如携程的旅游产品推荐、大众点评的探店推广、马蜂窝的攻略分享，以最大限度地扩大自身影响力并实现商业变现。

后记

微信、微博、小红书、抖音……这么多的主流平台到底怎么选呢？你是不是又犯了难，来看看它们各有什么特点。

微信主攻私域流量，以你朋友圈的用户为中心，进行精细化运营，直接与用户建立联系，换句话说，对用户来说就像是享受 VIP 服务，不用担心别的客人知道你的需求与喜好，与 Ta 交流时也不会被别人知道，当然尽管你的 Ta 可能同时也在回复其他客人，但总归隐私性较高。

微博传播速度快，不然怎么让你随时随地发现新鲜事呢。当你发布一条微博，只要你的关键词有爆点，那么这条微博就可以抵达微博世界的每一个角落，让你的浏览量倍增，甚至内容戳中了观众的心还会让你涨粉。还有一个特点就是覆盖面强，不管是不是你的粉丝，无论单向关注还是双向关注都可以在你的微博下面留言，能及时沟通。在微博运营你的观众可能来自五湖四海，各个阶层，当然这些都不是最重要的，最重要的是运营的成本低，并且你可以将你在微博上积攒的流量转移到私域流量中。

抖音已经成了大家无聊休息时都会使用的 App，用户日活量高，通过灵活运用抖音独特的运营机制，激起用户对旅游的憧憬和向往之情，释放压力之后，不断积累粉丝，你就可以进行多角度的推广、宣传、引流。

小红书最大的优势就是聚集了众多年轻的女性，年轻女性爱干些什么，爱化妆、爱时尚、爱健身、爱护肤、爱旅行、爱读书……总之，小红书是一个公平竞争的平台，素人博主有很大机会产出爆款内容，只要你愿意坚持产出，你一定能在小红书中精准地找到你的目标客户群体。

B 站最显著的一个特点就是 Z 世代，所以其内容主要是围绕年轻人的新潮流生活、日常娱乐学习的视频平台。同时 B 站的核心用户也比较稳定，那么这些用户关注得最多的无外乎动画、时尚、电影、美妆、旅游等，可见想要在 B 站做一个旅游网络红人并不是那么难，好好运用独特的弹幕交流模式，你一定能找到你出圈的方式。

携程在酒店、航班、车辆服务上的资源最丰富，作为老牌的在线旅游平台，其附加的特色功能最多，如加入了旅拍、攻略等社交功能；同时商业模式种类多样，如加入全球购、特卖会等电商服务。

马蜂窝旅游更像是一款内容型产品，注重攻略游记分享、问答互动，只支持第三方平台支付，特殊之点在于加入了京东白条。

大众点评的卖点是"点评"，许多用户在消费完成之后会在大众点评上进行评价，为其他消费者提供依据，后来更是有大批的探店博主以此为平台，不断扩大影响力。

经过这番分析，你是不是找到了想要发展的平台了？我希望你找到的是一些平台而不是一个平台。"不要把鸡蛋放在同一个篮子里"，这句话我相信你肯定不陌生，但实践的时候你说不定早就抛到脑后了。寻找主流平台的时候是不是还在一一分析，哪个更适合你，哪个更容易发家，但我要告诉你，多平台运用的概率更大。如果你选择微信，那么你会在微信上发些什么内容呢？精心挑选的图片还是精练的文字，那么把这些内容放在微博上、小红书上、马蜂窝上是不是也适用呢？既然适用，那为何不多平台发布呢？又或者你选择抖音作为主平台，那么你为抖音拍摄的视频素材稍微修改一下是不是也能放在微博、小红书、B站等这些平台呢？只是多花一点点精力，你就能获得更多的流量，何乐而不为呢！

但是不管你选择哪些平台发展，在这些平台获取流量后，当用户产生一定忠诚度时，都要通过直播、打赏、推荐或其他方式，最终将这些公域流量引到私域流量池。

从 0 到 1 成为旅游网络红人

第四章

内容为王时代，创作内容定位

● **导语**

在这个"内容为王"的时代，每一次创作都是一次自我表达的机会，每一次分享都有可能引发新的潮流。本章将带你走进内容创作的核心，解锁流量增长的秘密。无论你是行走的文旅传播者，还是渴望用视频记录美好的创作者，这里都有你需要的知识和灵感。学会创作有价值、有趣的内容，让你的作品在海量信息中脱颖而出，吸引更多人的关注和喜爱。现在，就让我们一起踏上这场关于内容创作的奇妙旅程，用你的才华和创意，点亮这个多彩的时代吧！

1 每个人都是行走的文旅传播者

1.1 旅游是一种社交行为

每当我们去旅行，我们都会和当地人、其他旅游者进行互动，交流我们的经验、分享我们的见解。我们的行为和态度会对周围的人产生影响，从而传播着文化和旅游信息。我们在旅途中的行为和言谈举止，都会对当地文化和旅游形象产生影响，从而成为文旅传播的一部分。

旅行足印，文化传播。

在社交媒体时代，每个人都可以通过各种社交平台分享自己的旅行经验，包括照片、视频、文字等。这些分享会被广泛传播，影响着其他人的旅行决策和行为。每个人都可以通过社交媒体成为文旅传播的发起者和传播者，将自己的旅行体验传递给更多人。

小娴是一位旅行爱好者，同时也是一个热衷于社交媒体的年轻人。她喜欢将自己的旅行经历通过各种社交平台分享给朋友和关注者，包括精美的照片和精彩的视频。

一次，小娴前往欧洲一座历史悠久的城市。她沉浸在古老的建筑和当地的文化氛围中，感受到了这个城市独特的魅力。她用手机拍摄了许多精美的照片，记录下了她的旅行点滴,并将它们分享在社交媒体上。

她的朋友们和关注者们被她的分享所吸引。照片中的古老城堡、绚丽的夕阳和迷人的小巷激发了他们的好奇心和向往之情。他们开始向小娴咨询关于这个城市的旅行建议和推荐。小娴很乐意回答他们的问题,并提供了一些有用的信息和技巧。

随着时间的推移,小娴的社交媒体影响力逐渐增加。她的照片和文字描述不仅仅在朋友圈中被分享,还被其他旅行爱好者转发和引用。越来越多的人受到了她的旅行经历的启发,纷纷计划前往这座城市探索其中的奥妙。

小娴开始收到许多私信和评论,感谢她的分享并询问更多的旅行细节。她逐渐意识到自己在旅行决策中扮演着一种信息传递者的角色。她更加注重自己的分享内容,努力传达真实的体验和有用的建议,以帮助其他人作出更好的旅行决策。

1.2 "纸上得来终觉浅,绝知此事要躬行"

在路上总有新的世界在等你去发现,去探索。

我们每个人所处地域不同,但是在物质环境包裹下的内核其实有很多相似之处,我们都是时代的沉默者,徘徊于希望和失意、自由和束缚、笃定和迷茫之间,都在笑与泪中平凡地活着。在我看来,旅行是拓展生命的宽度,对生活锦上添花。在我的学生时代,我和那些环球旅行者一样对旅行向往和憧憬,但我也有着在为赚钱工作和旅行之间的纠结,我大胆一想,不妨把角色互换一下,我从消费者到传播者。在旅途中,我发现,旅行是最好的投资,旅行中的见闻和感受都丰富了自己。这样的体验能够让原本循规蹈矩的生活变得"活"起来。旅行结束后虽然生活回归到了原来的轨迹,但是人的心态却不一样了。

旅行可以让人思考很多东西,释怀很多东西,也学会很多东西。

毫无经验的问题女孩独自远足在荒野中,将过去和放不下的执念忘掉,获得重生……

当生活变质后,决定周游世界,在美食和恋爱中思考人生,寻找到自我平衡……

失去了爱情去旅行的女孩告别忧伤,重新寻回了自我……

每个人心里都深藏着"一场说走就走的旅行",她们说:

我希望能见识到令我惊奇的事物。

我希望能体验未曾体验过的情感。

我希望能遇见一些想法不同的人。

……

是的,我见过很多旅人在路上摆脱了生命中重复乏味的固有安排,让他们获得人生中从未有过的各种不同体验。于我而言,爱上旅行的每一天都是一次新的挑战,而不同的体验和挑战开阔了我的眼界。旅行让人思考生活中什么才是最重要的,它可以是陪伴在你身边温暖你的那些人,也可以是自己心中温暖自己的那团火光,但绝对不会是大多数人正在盲目追逐的一些东西。其实，有比较才会真的知足，见过的人多了、接触的人多了，才发现其实自己身边的人挺好的，也学会了珍惜。

虽说旅行是"从自己待腻的地方到别人待腻的地方"，但每个人都有对别人生活的地方的探索和渴望。我反而把旅行看作一种生活方式，我们去哪里不重要，重要的是我们即将和谁去，我们频繁且热爱地在每月每季用不同的镜头文字去记录它们的美，同时我也更希望让更多有相同爱好的你我她（他），一起通过旅行改变年轻人的生活方式。

出发，意味着接受变化；归来，意味着获得全新。

我想旅行的意义就是不期而遇，把酒言欢，挥手告别，继续前行！旅行，向来都是人们汲取灵感、获得才学、感知生命的重要渠道。人们通过走出常规生活，去到远方，在看陌生风景、见新鲜事物的同时，也在不知不觉间完成了自我的更新！不管怎么样，作为全域新媒体时代下潮流者的我们，都想用自己喜欢的方式去传播它，是记录也好，是想被看见也好，记录这件事是每个文旅从业者及热爱生活的你第一步要做的事情。作为全域新媒体时代下要做个人品牌的我们，都在自己喜欢且擅长的领域积极寻找适合自己的方式方法来强化个人标签，让我们的影响力变得越来越大，让我们的生活方式被更多人熟知。

全世界有这么多地方，你会在哪里？你会选择用什么样的方式去记录？我选择在朋友圈用一组九宫格照片、在公众号用一段简单的文字、在小红书用一段 vlog 标记我的生活、我的旅行……

旅行思考

回想你最近的一次旅行，思考在这次旅行中你有什么收获，并将感悟发布到各平台中。

2 内容输出好，流量翻倍长

2.1 如何打造好内容

迪士尼乐园、故宫文创、熊出没、北京环球影城等这些著名的文旅 IP 你都打过卡了吗？

江湖人称如今"得 IP 者得天下"，打造文旅 IP 也是中国旅游业发展的趋势，那为何这些文旅 IP 会如此火爆呢？

自然就在于文旅 IP 的故事性。

不论是要打造文旅 IP 还是其他 IP 形象，万变不离其宗，核心就在于有故事、讲故事，毕竟太阳底下没有新鲜事，大家的观点都是差不多的，无非就是让用户觉得什么好吃、什么好玩、做什么可以提高自身价值，或者一些情感上的事情，但观点一样，你的内容和故事却是与众不同的，所以好的内容本质上取决于你怎样讲出你的故事。

如何打造自媒体内容

如果你问语文老师，一个好的故事有哪些元素呢？她可能会告诉你，要交代清楚故事的时间、地点、事件的起因、经过、结果，但讲好 IP 故事并不需要所有的元素。

2.1.1 探寻用户关注焦点

思考一下，你能为用户提供什么价值？解决什么问题？你的用户关注点是什么？

比如你是美食博主，你能告诉你的粉丝哪里的巧克力哈斗最好吃、北京哪里的烤鸭最受欢迎、广州哪里的早茶最受本地人欢迎，摸清楚你能为用户提供的、用户所关心的，那就是有价值的。

通过了解用户的关注点，你可以提供与他们关心的旅行问题和需求相关的有价值的建议。例如，推荐热门景点、住宿选择、交通指南、当地特色活动等。这样，你能为用户提供有用的信息和实用的旅行建议，增强你的影响力和可信度。

你可以了解他们在旅游领域中感兴趣的品牌、产品或服务。这有助于你发现潜在的合作伙伴或品牌合作机会，例如与酒店、航空公司、旅行社等合作，为用户提供特别优惠或独家体验。

2.1.2 确定内容关键标签

李子柒有朴实、乡土田园等标签，"数码爱好者""名校学生"是科技博主何同学的标签，"速效见效""适合小白"是周六野的标签，综观这些超级 IP 们都有自己的标签，有了标签就有了辨识度。

通过确定适合你内容的关键标签，你可以更准确地定位和识别你的目标受众。标签可以帮助你明确自己的内容风格、领域或主题，从而吸引对这些内容感兴趣的人群。

关键标签可以帮助你的内容在搜索引擎和社交媒体平台上更容易被发现。当用户在搜索引擎或社交媒体上搜索与你的标签相关的内容时，你的内容将更有可能显示在搜索结果或推荐列表中，提高你的曝光度和可见性。

确定适合你的内容的关键标签可以帮助品牌和合作伙伴更容易找到你。品牌通常会根据他们的目标受众和需求来搜索适合合作的网红，而你使用的标签可以使他们更容易发现你的内容，并与你进行合作。

通过确定适合你的内容的关键标签,你可以在特定的领域建立专业形象和展示专长。这样,你可以成为该领域的权威人士,吸引更多关注,并在相关话题上与其他专家或网红进行合作和交流。

 小任务

确定你的关键标签。

2.1.3 持续创造:输出无止境

内容输出的目的说白了是涨粉。想靠一篇或零散几篇内容就爆火怕是异想天开,当然这样的人也是存在的,但你能保证自己就是那个幸运儿吗?固然有的人靠零星几篇高质量笔记就爆火,之后粉丝不断地关注,你却没有更多的内容,岂不令人失望,这跟开店一个原理,今天开门有很多客人来光顾,但你没有坚持天天开门,自然就失去了潜在的顾客。所以持续输出,你就有机会获得曝光度,博得更多的粉丝关注。

日常中,建立自己的选题库!多看!多看!多看!

如阅读中看到有价值的文章、垂直类的优质内容、其他平台的热文……

日常中我们可以把有"潜力"的选题和内容收集起来。这也和我们前面个人品牌中搭建知识体系这一步骤息息相关,有了选题库,好的选题题材,我们的知识体系会更加完善。

 小任务

每天进行输出,可以是发布到平台中,也可以是写到自己的笔记本中。

2.2 5G冲浪,紧跟潮流

在创作输出的过程中,我们经常会遇到想不到内容、内容没人看、无法持续输出内容等一系列问题。确实,构思内容也是一件让无数创作者头疼的事情,更别提打造爆款内容了。

爆款内容意味着曝光度,意味着你的粉丝数量会增加,也意味着你的价值。但打造爆款内容其实没有你想得那么难。互联网时代,信息传播迅速,大家都爱用碎片化的时间网上冲浪,都喜欢关注热点。所以内容输出,打造爆点,还得靠热点。

2.2.1 热点追踪:关注平台热门话题

微博有热搜榜,抖音有抖音热榜,小红书有搜索发现热度榜,每个平台都有自己的热度榜单,通过关注热度榜单,跟踪实时热度。在这些热度榜单中我们也能直观地发现热门标签,从而在发布内容时带上热门标签,这样用户也能通过搜索热度发现你的内容。通过关联自己的内容和热点话题,能够吸引更多人的注意并获得更多关注。

对热点话题的深入了解可以帮助你在相关领域树立自己的专业形象和权威性。通过分享专业见解和提供有价值的内容，你可以在特定领域中建立起自己的专家形象，并为你的观众提供可靠和有用的信息。

热点话题往往与流行文化和潮流密切相关。关注热点话题可以让你保持与时俱进，了解最新的流行趋势和文化现象。这有助于他们保持与年轻观众的连接，并在内容中反映当下的时尚和文化。

小任务

每天花一个小时左右浏览各个平台的热点话题。

2.2.2 热点驾驭：巧妙运用平台热门话题

热点具有一定的时效性，可能是一两天也可能是一两周就不再引起人们的关注，所以为了扩大传播范围，可以多带几个相近的热点话题，叠加热点。或者，以热点为中心，进行延伸，找到一些不同的视角，从这个角度切入，这也会让你的视频或内容与众不同。利用不同平台之间的联动，将热门话题跨平台推广。例如，在一个平台上引发讨论并鼓励观众在其他平台上继续参与。

热门话题往往会演变和变化，跟随话题的发展并调整自己的内容策略是重要的。注意观察话题的变化趋势，灵活调整自己的内容来保持与话题的相关性。利用各个平台上的趋势和挑战，与热门话题结合。参与流行的挑战或创造自己的趋势，将自己的内容与热门话题紧密联系起来。

小任务

在你下一次发布新的视频或文字内容时，巧妙地带上或运用其他平台的热点，一定要是最新的热点！

2.2.3 碎片时间管理：激发高效能

当你有一些零散的时间，例如等待朋友、排队或乘坐公共交通工具时，可以利用搜索引擎快速搜索热门话题或相关的新闻资讯。阅读相关的新闻文章、博客、帖子或观点，增加你对热点话题的了解。

在碎片化时间中，可以选择观看短视频或者听音频，以了解热点话题。许多平台如 YouTube、抖音、微博等提供了丰富的短视频和音频资源，你可以选择相关的频道或节目来关注热点话题。

通过合理规划和管理碎片化时间，你可以充分利用日常生活中的零散时间段，从而提高工作和任务的效率。即使只有几分钟的碎片时间，你也可以在碎片化时间中快速浏览标题和摘要，了解最新的热点话题，使时间得到充分利用。

当然，碎片化时间管理可以帮助你更好地感知和利用时间。你会更加敏锐地意识到时间的流逝，注意到日常生活中被忽视的零散时间段，并主动利用它们来完成

任务或追求个人发展。

高效管理你的时间，巧妙运用碎片化的时间，可以是在洗脸时或者敷面膜时播放热点视频。

2.3 持续学习，持续输出

"不积跬步，无以至千里，不积小流，无以成江海。""千里之堤，溃于蚁穴。"无数的名人告诉我们，坚持才是硬道理，坚持才会引起质变。打造标签，打造人设并非一日之功，持续输出，才能实现我们最终的目的。

2.3.1 坚持学习，稳步向前

持续输出好比开店，你三天打鱼两天晒网，生意怎么会好，哪怕是你的忠实顾客看见你经常不开门也会以为你永远不开门了，久而久之就把你这家店给遗忘了。所以持续输出还得要坚持。怎么坚持呢，其实很简单，每天尝试写一些文字，脑海里突然想到的，突然刷到的热点等，你觉得有帮助的全都写下来。坚持每天都写一些内容，连续坚持21天，你就会养成一个好习惯。

确保你明确地知道自己想要学习的内容和目标是什么。将目标具体化，并分解成可操作的小步骤，这样可以更容易跟踪和实现。不断接受新的学习挑战，超越自己的舒适区。挑战可以激发你的成长潜力，让你不断学习和进步。

不断学习和更新你的知识和技能，从而提供更有价值的内容。尝试不同的方式和方法，学习新的技能和知识，以及不断探索新的领域。

每天尝试写一些内容，连续坚持21天。

2.3.2 高质量输出，事半功倍

作为旅游网络红人，要保持学习和不断提升的心态。关注行业趋势和最新动态，学习新的技能和工具，持续改进和提升你的内容输出能力。

在你要创作的领域中进行持续的研究和深入了解。阅读权威书籍、行业报告，关注专业人士和机构的观点和见解。深入研究和了解将使你能够提供更准确、全面和有深度的内容，建立你在领域中的专业声誉。

高质量的内容需要投入时间和精力。花时间策划你的内容，确保它们有一个清晰的主题和结构。进行深入的研究和收集信息，用于支持你的内容。在创作过程中，进行仔细的编辑和校对，确保内容的准确性和流畅性。投入充足的时间和精力，能够体现在你的内容的质量和专业度上。

注意内容的细节和审美。使用高质量的图像、视频和音频，确保它们清晰、高清并且具有良好的视觉效果。设计清晰的布局和结构，使你发布的内容易于阅读和理解。对于视频内容，关注剪辑、配乐、字幕等方面的细节，以提升观看体验。

在创作内容之前，精心策划和组织你的思路和大纲。确定你的核心信息和要传达的重点，结构化你的内容以便让受众更容易理解和消化。有一个清晰的大纲和策划能够帮助你在创作过程中更加有条理和高效。

高质量的内容输出需要持之以恒地努力和坚持。保持频率的稳定和一致性，定期发布新的内容，并保持与受众的连续互动。持续地投入时间和精力，不断改进和提升自己的能力，才能在竞争激烈的网络环境中持续地输出高质量的内容。

2.4 几招打造专属内容体系

2.4.1 文字、图片、短视频，内容创作的万用公式

有一次我和一位同行朋友围绕"好内容"的话题聊了好久。

一篇即将在粉丝千万级别的账号发布的文章，作者为什么要写？平台又为什么要发？

朋友顺着我的思路发问："那你觉得好内容都必须有一个明确的主题吗？"

我的看法是：不需要非得有一个，或者提炼出一个明确的主题，太刻意、太功利了。但是，创作者应当是要有一个明确和清晰地做这个内容的初心。并且，大体上来说，作为有"发布"需求的内容来说，这个初心应该是"诚意正心"的。内容表现上可以有灰暗的，甚至阴郁的，但即便如此，它的创作初心，应该是健康积极有实用价值的。

接着朋友又抛出第二个问题：怎样才能做出好的内容？

好内容的制作，是否有什么内在的必然性可循呢？我认为还是有的，而且没有捷径。

一是热爱，对创作的内容要发自内心地热爱；

二是持续，要不断地创作，实现量的积累；

三是思考，在不断创作的过程中进行思考，深入地思考，不断地反思；

四是创新，去不断地创新、革新、探索、尝试，甚至推翻。

在热爱—持续—思考—创新这个过程中反复循环直到找到自己的风格、认清自己的能力边界、然后在业内找到立住自己的位置，最终得到一定的声誉。当然最后这一项得到声誉，可能是精神的，也可能是物质的，很多情况下，会是名利双收的。这是内容创作者的理想，但也应清醒地认识到，这并不是好内容的必然产物。

一篇既能得到赞，又能获得关注的好内容，应该包括两部分内容：干货＋共鸣。

①干货和共鸣缺一不可。

干货：是指各行各业的知识、经验、心得、技巧分享，是被提炼过的实用的、可信的内容。

共鸣：作者描述的内容场景正好唤醒了读者心中本来存在的一个场景，两个场景的链接让人产生心灵共鸣。

②为什么不能只有干货？

想写出有干货的内容只需要勤劳即可，互联网上有大量已经存在的信息，经过加工整理就能成为一篇干货满满的文章。但是这样的文章每个人都可以写，你很难成为被记住的那一个。我见过很多这样勤劳的博主，每天更新各种干货英语句式、修图教程、各种菜谱攻略等。这样的内容虽然受欢迎，但是很难让人记住内容背后的"人"，更像一个没有感情的干货制造机器。

写出有共鸣感的干货才能赢得人心，关于获得情感共鸣有3个实用建议：

①寻找相同或者相似的身份/群体。寻找你的笔记的阅读群体，相同的群体会迅速拉近距离。例如，相同的年龄、相同的职业、相同的身份、相同的爱好等。

②描述共同的经验和体会。相同的经历和情感体验会迅速拉近人的距离。

例如，全职妈妈长期在家带娃的焦虑、职场妈妈事业孩子两头顾的挣扎、单亲妈妈独自抚养孩子的心酸等。

③满足共同的愿望和需求。带给读者亲近感和熟悉感的同时，还要能给到读者生活中无法体验到的东西。例如，很多生活在城市的职场人看了李子柒的视频都感觉很解压，特别羡慕李子柒视频里营造的恬淡的乡村生活。

只有干货，不能引起共鸣，很难被记住！

只能共鸣，没有实在的干货，就是鸡汤！

只有把两者结合好才能创作出真正的独一无二的内容！

分析3个爆款内容，找到其中的"干货"和"共鸣"点。

2.4.2 智慧洞察，精选知识

网上从来不缺少知识，只是太散乱，不够系统，而且很多内容是不准确的，甚至是错误的。互联网社会信息泛滥，每个人都成为被信息投喂的对象，需要你用火眼金睛，去找到属于你的知识。鉴于知识是被前人加工出来的，那必然会带有前人的理解，想要最大限度地避开解释谬误，建议尽可能选择原版资料进行吸收。避免如10分钟听完一本书这类（知识）。知识的吸收是需要内化的。也就是说，不能照抄或者背诵。要在理解原文的基础上，用自己的语言复述理解的内容，并将其运用在实际生活中，以检验其适用的范围和条件，从而将知识内化吸收。

2.4.3 融会贯通，搭建知识库

在完成知识的搜集和整理之后，需要给它们找一个方便查找的储存点。可以随时随地查找。同时，尽可能使用同一款软件，手机里的软件越多反而不容易找到。尤其注意知识一定要双重备份，避免"黑天鹅"事件。

Tips

（1）没有系统的知识库，没办法建立自己的房子。

如果你有记录的习惯，推荐几个软件给你，还可以线上线下打卡，形成你的知识库，不用担心会丢失，建立好你的云端知识库。需求很简单，容易上手、容易找到、容易整理收藏和打卡。

（2）房子框架搭好了，后续就是建房子的具体工作。

口语雀——电脑可以用网页打卡，手机小程序也可以打卡，建立文档标题，写文章归类。可以分读书笔记、职场知识、学习心得等，到时候就不会乱了，非常好用，推荐！

印象笔记——可以收藏网页文章，保存网页信息，建立自己的笔记本，呈现形式可以加上图片连接语音，非常丰富，有人说印象笔记是人的"第二大脑"，很好用。

有道云笔记——免费的东西真香，页面布局很喜欢，还可以手写，PDF 转 Word，收集网页图文，主要功能免费，基本够用了，云端登录就能找到资料，手机和网页都能打开。

还有其他推荐如石墨文档、OneNote 等，太多了。大家根据自己喜欢易上手的工具进行选择。

（3）不同类的知识尽量按照同类型的结构进行整理和存储，按逻辑查询，省时省力。除按照逻辑分层以外，可以在每个知识点标注上标签，便于全局搜索查找。标签数量不宜过多，母类建议不超过 4 个，子类不超过 5 个。且母类之间要有逻辑关系，便于通篇理解。

（4）定期检查回顾。我们经常会添加很多的收藏，但可能从未翻开过。给自己定一个小目标，每周或者每个月整理一下收藏夹，取其精华，去其糟粕。回顾知识的同时，也梳理了知识的结构，确保留下的知识都是值得长期拥有的。

多读书，读好书，会让你掌握更多的知识。如果我们不能让知识产生联系，形成一个知识体系，那么掌握再多的信息，也无法将他们的变成有用的知识。我们在应用知识时，也要在自己最擅长的领域精进，持续学习，持续输出。将碎片化的知识，通过自己的逻辑结构进行整合，逐渐构建成系统的知识体系，最终形成属于你的知识宝库。

阅后实践

某国风传统慢旅行视频号下半年工作计划

月份	传统节日	内容主题	视频拍摄重点	推广策略
7	七夕节	七夕浪漫传说	牛郎织女传说、七夕习俗、情侣旅行地	七夕浪漫特辑,情侣互动活动
8	中秋节	中秋赏月与月饼	各地赏月胜地、月饼制作、中秋习俗	中秋赏月直播,月饼制作教程
9	重阳节	重阳登高与赏菊	登高望远、菊花展览、重阳文化	重阳登高直播,合作花卉展览
10	国庆节	国庆旅行热点	热门旅游地、国庆特色活动	国庆旅游指南,合作旅游机构
11	无	深秋风光与摄影	深秋美景、摄影技巧、旅行心得	深秋摄影大赛,线上摄影教程
12	冬至节	冬至节气与养生	冬至习俗、养生知识、传统美食	冬至养生讲座,合作健康品牌

请参考以上表格,按照以下思路,打造你的年度内容输出计划:

1. 确定目标与定位:

明确你的视频号要传递什么样的信息,服务于哪类人群。

设定年度目标,如粉丝增长、互动量提升等。

2. 梳理传统节日与主题:

列出一年中所有的传统节日,分析每个节日的特点。

根据节日特点确定内容主题,确保内容既符合节日氛围又能吸引观众。

3. 规划视频拍摄重点:

针对每个节日主题,确定具体的拍摄内容和重点。

考虑如何结合当地特色和文化元素,使内容更具吸引力。

4. 设计推广策略:

根据每个节日的特点,制定相应的推广策略。

考虑合作对象,如旅游局、文化机构等,进行资源互换和共享。

5. 制定执行时间表:

为每个节日的内容设定具体的制作和发布时间表。

预留足够的时间进行后期制作和审核,确保内容质量。

6. 持续优化与调整:

根据观众反馈和数据分析,不断优化内容质量和推广策略。

灵活调整计划,以适应市场变化和观众需求的变化。

3 视频创作好，播放量少不了

3.1 你或许根本不需要五花八门的设备

拍摄前的准备工作有很多，你不仅需要确定选题、拍摄场所、人员分工，还要准备好拍摄设备。对于新手而言，你不需要准备一些让你看起来很专业但其实用处不大的设备，比如只有专业摄影师才用的好的摄像机，在准备拍摄器材时，你按照下面的要求来准备一定不会出错。

3.1.1 手机就是很好的拍摄设备

在一开始拍摄时，我们可以选择用手机，毕竟现在手机的视频拍摄功能已经非常好了，用手机绰绰有余。相较于传统相机和镜头，手机非常轻便易携带。你可以将手机随身携带，随时随地捕捉到身边的美丽瞬间。这种便携性对于旅行摄影和街头摄影特别有

旅游短视频构思与脚本创作

利。相对于购买专业相机和镜头的成本，使用手机进行摄影是一种经济实惠的选择。大多数人已经拥有智能手机，不需要额外的投资就可以开始拍摄和练习摄影技巧。

现代智能手机配备了高像素的相机传感器，可以捕捉出色的照片和视频。虽然相机传感器相对较小，但通过技术创新和图像处理算法的改进，手机可以在不同条件下提供令人满意的图像质量。

手机相机通常具有多种拍摄模式和功能，包括自动模式、全景模式、夜间模式、肖像模式、延时拍摄、慢动作、高动态范围（HDR）等。这些功能使你能够在各种场景下拍摄，并尝试不同的创意和效果。

小任务

尝试用你的手机拍摄一些视频，可以是旅游攻略类视频、可以是旅游时美食探店视频、可以是景点打卡视频等。

3.1.2 新手稳定只需要一个三脚架

想要拍出高质量的视频，还需要一个稳定设备。稳定器的核心是可以帮助我们在运动时拍摄稳定的视频。现在不管是相机还是手机机身的视频防抖功能都是不够用的。所以说如果我们想要手持拍摄就需要配备一个稳定器。最常见的稳定设备就是三脚架或者独脚架。

在摄影过程中，手持相机可能会产生微小的晃动，这可能导致图像模糊或不清晰。特别是在低光条件下或使用较长曝光时间时，抖动问题更加明显。三脚架可以有效地解决这个问题，因为它提供了稳定的支撑，将手机固定在三脚架上，避免了

手持带来的晃动。它可以帮助你保持相机的稳定性，避免抖动和晃动，获得流畅的视频画面。

在需要较长曝光时间的情况下，例如拍摄夜景或需要捕捉流水效果时，稳定性尤为重要。手持相机很难保持稳定的状态，而使用三脚架可以确保手机在整个曝光过程中保持静止，从而获得清晰、锐利的图像。

使用三脚架可以帮助新手摄影师更好地构图和拍摄画面。手机固定在三脚架上后，你可以更仔细地思考和调整构图元素的位置和比例。这样可以提高图像的质量和美感，并有助于培养构图技巧。

 小任务

选择一个最适合你的三脚架。

3.1.3 无线麦克风就能满足日常需求

麦克风有我们常见的麦克风或者无线麦克风。我们常用的麦克风，一般有心型和枪型等不同类型，主要是保证在收纳人声的同时还能收纳一定的环境声。无线麦克风消除了有线麦克风的限制，你可以在拍摄或表演过程中自由移动，而不必担心线缆的长度或纠缠问题。这对于拍摄视频、主持活动、演讲或表演等场景非常有用。

无线麦克风通常具有良好的音频质量。它们采用专业级麦克风元件和无线传输技术，可以提供清晰、准确的声音捕捉，从而保证音频的质量和可听性。有些无线麦克风还提供了额外的输入接口，可以连接外部音源，如乐器、音频播放器等。这使得你可以在录制过程中直接捕捉外部音源的声音。

在某些环境中，无线麦克风可能会受到其他无线设备的干扰，如 Wi-Fi 网络或其他无线麦克风系统。在使用无线麦克风时，尽量选择清除的频率和信道，并避免与其他无线设备的频率冲突。

 小任务

在五花八门的无线麦克风中，为自己选择最合适的一款。

3.2 做到这四步你就能写好脚本

是不是一刷短视频就上瘾！火爆的 BGM、劲爆的画面、有趣的剧情、奇特的场景、悬念都让你欲罢不能，不知不觉就在"刷刷刷"中度过了几个小时。

这一系列的设计背后，都少不了"短视频脚本"的助攻。什么是脚本？简单地说，脚本就是短视频的拍摄提纲、框架。一切参与视频拍摄、剪辑的人员，包括摄影师、演员、服化道准备、剪辑师等，他们的一切行为和动作都是服从于脚本的！

接下来将在短视频中大部分场合下都可以应用的一个万能脚本模板流程分享给大家。可以直接套用，制订出属于自己的拍摄计划。

3.2.1 确立摄影创作的灵魂

作品的灵魂就是主题，确定拍摄主题是视频创作过程中的重要一步。选择一个具体的主题可以帮助你更好地组织想法、构思拍摄构图，并在作品中传达特定的信息和情感。

在写脚本之前我们要先确定拍摄的主题，比如旅行、读书笔记、做饭、日常发布等，一个视频确定一个主题就可以啦，拍摄的主题不明确，拍摄出来的视频内容会显得比较杂乱，不能表达想要输出的想法。

 小任务

为你的下一个视频确定一个主题。

3.2.2 找准摄影作品的创作方向和内容

列出拍摄内容能保证我们拍摄流程顺畅，可以有目的地去关注和调整拍摄对象。比如拍摄煮面的过程有先后步骤，什么时候加水、水煮到什么程度、什么时候放面条、煮到什么程度、捞起来后做什么、怎么加调料等。并且煮面需要掌控好火候和时间，没提前规划好拍摄内容可能会出现返工或者画面不好看等现象，不仅浪费粮食还会耗费时间。

确定创作方向和内容可以帮助新手明确自己的拍摄目标和方向。这有助于集中精力和资源，避免在不同的主题和风格之间迷失，从而更加专注地提高技术和艺术表达能力。专注于特定的主题或风格，通过不断实践和探索，我们可以发展出自己独特的视觉语言和创作风格，从而在作品中展现个性和独特性。

有一个明确的创作方向可以帮助新手更好地策划和构思自己的作品，可以更加深入地思考主题的表达方式、构图的选择以及光线的运用等，从而提升作品的质量和表现力。

 小任务

确定你的视频具体创作方向和内容，是拍摄景点攻略还是地方美食，抑或其他内容。

3.2.3 搭建剧情框架

其实这一步就是避免拍摄时没有想法，不知道该怎么跟视频外的观众跨屏交流，所以在前期工作里我们可以先写好脚本，可以大致写下哪些步骤要拍摄什么内容、后期配什么字幕等，这可以减少很多后期工作。

以下是脚本七要素的具体解释。

①场景：拍摄场景总体来说就是拍摄的环境，比如餐厅、咖啡厅、超市等。

②画面内容：把想要表达的东西通过各种场景进行呈现。具体来讲，就是拆分剧本，把内容拆分在每一个镜头里面。

③镜头景别：拍摄的时候，是要用远景、全景、中景、近景、特写。

④台词：指的是人物说的话，可以是人物之间的交谈，也可以是"画外音"。

⑤时长：指的是单个镜头的时长，需要提前标注清楚。

⑥运镜：运镜就是拍摄手法，包括推镜头、拉镜头、升降镜头、摇镜头等，不同的运镜方式展现出来的画面效果也不一样。

⑦音效：影视剧中常常会根据不同场景气氛烘托、搭配不同的音效。

万能脚本模板						
编号	拍摄场景	画面内容	景别	台词	音乐	时长
1	景点入口	拍摄人在景点大门的全景	全景	××市最值得去的地方你打卡过了吗	背景音乐——轻快	3"
2	第一个打卡点	拍摄在景点中的全景	全景	这个点××位置是这个点的最佳观景点	背景音乐——轻快	5"
3	……	……	……	……	……	……

丰富情节内容。

到这一步我们可以套用上面的万能模板！

设计好每个镜头应该配合什么字幕展现，使用什么拍摄手法、画面内容是什么、拍摄重点应该放在哪里、拍摄时长等，细化脚本的时候可以想象最终的画面呈现，细化好脚本再拍能让我们少走许多弯路。

 小任务

根据万能脚本模板，制作你的视频脚本。

3.2.4 万事俱备只欠拍摄

前期工作都做好以后，我们就可以拍摄啦。

脚本可以帮助我们厘清拍摄思路，解决新手前期刚上手没有思路会手忙脚乱的问题，避免拍摄一些没用的素材和流水账。脚本就像一个拍摄计划，有逻辑地拍摄可以节约时间，省时省力，也更加方便后期剪辑，有故事大纲在后期剪辑时会更清晰。

 小任务

根据你制作的拍摄脚本拍摄视频，上传抖音、微博、小红书等各个平台。

3.3 你不是不上镜，你只是缺少拍摄秘诀

大家都知道，短视频真人出镜的话，会更加具有辨识度和亲和力，更有利于打造个人品牌。但是，你是不是在刚开始拍视频的时候磕磕巴巴，轻声细语，面无表

情，甚至紧张得连手都不知道放哪里合适，这是镜头恐惧症。

这个讨厌的镜头恐惧症还是有办法解决的。

3.3.1 镜头如朋友，一起见证每一刻

不要把它当作冷冰冰的镜头，而是镜头后面的观众，所以一定要平视，就像是我们在和朋友聊天儿一样，平视是让观众感到最舒适的镜头。像与朋友交流一样，与你的镜头保持经常性的互动。经常进行拍摄练习，尝试不同的拍摄技巧和构图方式，以更好地了解和运用你的镜头。尝试从不同的角度和视角使用你的镜头，拍摄不同的主题和场景。通过不断尝试和探索，你可以发现镜头的独特视角，进而创作出更有趣和创意的作品。

另外，在镜头前一定要注意表情管理。其实很多人都有大小脸的困扰，我们一定要了解自己什么角度最好看，拍摄时就可以扬长避短，对着镜子多看看哪个角度是你出镜的黄金角度。同时别忘了收下巴，有种用下巴找锁骨的感觉，这样更加显得脸小。表情管理中必不可少的就是微笑了，如果说你的脸型偏圆，可以用舌头抵住下排牙齿，微笑时下巴发力，想象这样你的脸型会显得更加修长一些。如果说你的脸型较长，微笑时我建议你横向笑，用苹果肌发力，使你的嘴角自然地向外张，这样看起来更加俏皮、可爱一些。此外，有好的镜头感也很重要，拍摄时眼部发力，一定要把握好力度，不要单纯地瞪眼睛，也不要只盯着屏幕，看上去眼神飘忽不定，要多看镜头，这样会使观众产生更多的交流感。

 小任务

多尝试拍摄，不要恐惧镜头，学会如何在镜头面前表现自己。

3.3.2 寻找令你舒适的拍摄方式

找到一个让自己有安全感的拍摄场景对于摄影者来说非常重要，因为它能帮助你放松并专注于创作。

（1）室内拍摄

选择一个室内的场所，例如你自己的家或朋友的家。这样你可以在一个熟悉和私密的环境中进行拍摄，没有外界的干扰和压力。

（2）自然风景

寻找一片宁静和美丽的自然风景，例如森林、海滩或山峰。自然环境通常给人一种平静和安全感，可以让你放松并享受拍摄的过程。

（3）公共场所

选择一个熟悉和安全的公共场所，例如你常去的咖啡馆、公园或艺术展览馆。这些地方通常充满活力和友好的氛围，使你感到舒适和自在。

（4）打造自己的小工作室

在家中或租用一个小型工作室，将其布置成适合拍摄的环境。在这个私人空间

里，你可以尽情发挥想象力和创作，不受外界的打扰。

（5）和熟悉的人合作

选择和你熟悉且信任的人合作，例如家人、朋友或模特。与熟悉的人一起拍摄会给你一种安全感，你可以更放松地进行指导和交流。

 小任务

多次尝试拍摄之后找到能令自己更加放松、更加舒适的拍摄场景。

3.3.3 提词器——你的高效利器

要不要用提词器？我的建议很简单，一定要用。很多人紧张就是怕自己会忘记，不知道自己接下来说啥，所以会提前把稿子背下来。但是做自媒体最重要的是什么？语速，好不容易蹭个热点吧，还没有背完稿子呢。热点错过了，你说气不气人？另外大家要注意一点，我们用了提词器，自己也要看几遍稿子，不要死死地盯着。

3.3.4 道具自有妙用

如果你不知道该如何放置手的位置，使用道具是一个很好的方法，可以帮助你自然地摆放手的位置并增添一些动态的感觉。

（1）手持物品

拿着一个物品，如手机、书、杯子或花朵，可以让你的手有一个自然的动作。你可以根据拍摄主题选择合适的物品。

（2）衣物和配饰

利用衣物和配饰来增添手部的动作。例如，你可以抓住一条围巾、调整衣领、戴上手套或搭配手链等，这些都可以帮助你找到合适的手部动作。

（3）遮挡物

利用遮挡物来部分遮挡手部，从而减少手部在拍摄中的焦点。你可以使用物体、树枝、墙壁等来遮挡一部分手部，创造出更加有趣和隐含的形象。

（4）自然动作

尝试一些自然的手部动作，例如整理头发、轻轻触摸脸颊、抚摸胸口等。这样的动作可以增加拍摄中的生动感。

 小任务

拍摄时可以使用一些道具，让视频中的你看起来显得更自然。

3.3.5 多拍多试错

虽然这一点，听起来很一般，但绝对是最基本，也是最重要的一点，没有人会天生这么厉害，都是经过上万次的练习才达到这样的效果。一开始肯定多多少少都会有一些不自然，就拿我来说，录制第一堂课时、第一次演讲时，我也会紧张，面对镜头也多少有点儿尴尬，但是很多期课程下来，现在我在镜头前面已经能够比较

自然地展示啦。所以，现在拿起手机拍视频去吧！

3.4 剪辑 so easy

前面我们讲述了视频拍摄前期的准备和脚本的设计，在拍摄和脚本都具备的前提下，我们有了很多素材，接下来就要对这些素材进行高效后期剪辑，制作成视频进行传播。

3.4.1 了解软件

对于剪辑我们常用的软件有剪映等。

剪映：是一款在移动设备上非常流行的视频剪辑应用程序，适用于 IOS 和 Android 平台。它具有简单易用的界面和基本的剪辑功能，同时提供了一些预设的滤镜、转场效果和音乐，让用户能够快速编辑和分享自己的视频作品。短视频超火的剪辑工具，操作简单，容易上手！工具类型超丰富，能满足 90% 的用户的剪辑需求。一般在手机上就可以操作，对新手友好。

旅游视频拍摄与后期前辑

Adobe Premiere Pro：是一款专业级的视频剪辑软件，功能强大且使用广泛。它提供了丰富的编辑工具、特效和转场效果，适用于各种类型的视频制作。

Final Cut Pro：是苹果公司开发的专业级视频编辑软件，只适用于 Mac 平台。它提供了直观的用户界面、高级剪辑工具和专业级特效，被广泛用于电影、电视和广告制作领域。

Davinci Resolve：是一款全功能的视频剪辑和调色软件，提供了强大的剪辑工具和高质量的调色功能。它还集成了专业级的视觉特效和音频后期处理功能。

iMovie：是苹果公司开发的入门级视频编辑软件，适用于 Mac 和 IOS 设备。它提供了简单易用的剪辑工具和预设效果，适合初学者和轻度用户使用。

Sony Vegas Pro：是一款功能丰富的视频编辑软件，适用于 Windows 平台。它提供了广泛的剪辑工具、特效和音频处理功能，适合专业和半专业用户使用。

Avid Media Composer：是一款广泛应用于电影和电视剧制作的专业级视频编辑软件。它提供了高级的剪辑和后期处理工具，支持多摄像机编辑和团队协作。

 小任务

了解这些剪辑软件，找到你最得心应手的一款软件。

3.4.2 素材融合

选择了你偏好的剪辑软件之后，就可以进行剪辑了。剪辑一定是从粗剪到精剪，逐个镜头分析，寻找其中的关系，打碎了再拼回去，是最入门的学习方式之一。尝试不断运用自己的思考去重构和创造作品，揉碎了再捏成新的形状，是提高剪辑思维和意识的必经之路。

剪辑流程一：粗剪。

①导入素材

我们以剪映为例，打开软件，点击开始创作，选中我们拍好的所有素材，可以按拍摄顺序进行选择，点击完成素材导入之后，我们就会看到剪辑页面分为三个区域，预览区（上）、时间线（中）以及工具栏（下）。

②调整顺序

导入素材后，我们先调整画面的顺序，按时间线就可以看到每段视频的预览，以及时长左右拖动就能够调换顺序了，这个素材的顺序也可以根据我们事先拍摄前的脚本去调整即可。

③添加音乐

在剪辑之前，我习惯先找好音乐，根据音乐的节奏进行剪辑，效率会高很多。音乐作品可以在软件里找，或者可以在其他网站找到喜欢的音乐，进行录屏，选择提取音乐，将音乐提取出来。视频下面的就是音乐的轨道。此外，大家也可以去音乐平台找一找。

④选择画面

挑选画面，可以拖拽视频的边缘进行删减，或者直接点击分割删掉多余的画面。每段素材我们只要选取2~3秒的关键动作就可以了，一定要让视频的节奏紧凑一些，不要太拖沓。这样，观众才能够对你的视频内容保持持续的兴趣。很多人都会把视频原声关掉，我个人建议大家保留视频原声，如果你的视频声音有些嘈杂，可以在视频的原声中打开原声降噪，同步原声，是可以增强视频代入感的，尽量不要删掉。画面挑选的部分完成后，就可以进入精剪。

⑤字幕样式

我们开始进入精剪，首先上字幕，这里分享一个快捷上字幕的方法，选择录音，把你的台词念出来。然后在字幕中选择语音转字幕，这里选择录音这一条轨道就可以了，识别后字幕就自动生成了。如果你的视频没有台词，也可以只选择音乐轨道，将歌词识别为字幕，生成字幕后点击紫色小标签，选中文字，双击调整样式。字体，选择自己喜欢的字体，可以让文字在画面中变得更清晰。在排版时把字间距调大，然后把字幕放在画面的正中间，让字幕更有设计感。

⑥转场

接下来我们给视频添加转场，选中两段素材间的小方块，系统自带转场效果。一般情况下，我们选择叠化。或者模糊，这两种柔和的转场方式更适合用在视频里。不过特殊的视频需要特殊的转场效果处理，大家可以多尝试一下不同的转场特效产生的不同效果。

⑦动画

经过前面的一系列操作，我们的视频已经有了基础模型。接下来我们给视频的第一个画面加上一个入场的动画，一般入场动画选择"渐入"，同样再给视频结尾的最后一个画面选择一个"渐出"动画，还有其他出入场的效果也可以选择。

⑧滤镜

最后，我们再给视频添加一个滤镜，可以多试几个样式，看一看效果。也可以自己手动选择自己喜欢的色调，比如电影感、小清新风格、日系风、韩式风等效果。需注意的是，滤镜的数值大家不要太大，选择30~50就可以了。这样，视频就剪辑完成了。

在开始剪辑之前，思路分享是必不可少的环节。拿到拍摄素材后，建议将素材整体看1~2遍，熟悉素材的大概内容。在熟悉素材后，需要结合素材和脚本整理出剪辑架构。在基本框架上加入中心思想，主题风格，剪辑创意元素。

粗剪的主要目的是搭建整个视频的结构，是影片成形的第一次尝试。将完成度高的镜头按照剪辑思路的顺序进行排列组合，将无效元素的素材减掉，尽量保留与内容相符的画面。粗剪是奠定整部影片的方向，不用去计较每个节奏等这些细节性的问题。

剪辑流程二：精剪

在粗剪排列的基础上对每个镜头做细化，包括剪切点的选择，镜头长度的处理，音乐节奏的把握和衔接效果的添加。精剪这一步需要新建一条时间线，不要在粗剪时直接去动镜头，如果觉得某个地方缺镜头，可以到粗剪时间线或者分类里去寻找，精剪并不是一遍就能完成的，视频需要反复剪辑调整，才能做出满意的作品。

阅后实践

视频创作

试一试按照上面的步骤，一步步将你的故事拍摄下来，使用剪辑软件，将视频剪辑成一个作品，传到各大平台上。

4 有价值的内容，有趣的内容

4.1 什么才是有价值的内容

做内容就是和用户"谈恋爱"，始于颜值（封面、标题），陷于才华（内容、质量），终于人品（关注、点赞，能长期输出有价值、有趣、有共鸣的内容）。都说这是一个流量为王的时代，我的看法是：流量为王的基础是内容为王。各大种草平台的密码哪里来？有趣、有料、有价值的内容输出，能够调动用户七情六欲的内容注定令人念念不忘。

4.1.1 引发情感共鸣

情感共鸣可以增强内容在人们记忆中的留存力和影响力。当人们在情感上被触动，他们更有可能记住你的内容，并将其与特定的情感体验联系在一起。这有助于建立持久的印象，并使你的内容在人们的心中留下深刻的烙印。

讲述你自己的故事：故事是引发情感共鸣的强大工具。选择一个真实而感人的故事，包含人物的挣扎、成长和转变，让读者或观众能够在情感上与故事产生共鸣。在内容中创造情感张力和情感起伏，使读者或观众在情感上产生紧张、期待、忧虑或悬疑等情绪。语言是传递情感的桥梁。运用形象生动的语言，使用情感化的词汇和表达方式，以及适当的修辞手法，让读者或观众能够更直接地感受到你想要传达的情感。

探讨共同的情感主题和人生体验：人们普遍关注和经历的情感主题，如爱情、友情、家庭、成长、失落、希望等，是引发情感共鸣的重要元素。通过深入剖析这些主题，分享自己的观点和体验，让读者或观众在情感上找到共鸣和共同体验。

传递情感支持和正能量：在你的创作中传递情感支持和正能量，让读者或观众感受到你关心和关怀他们的情感需求。通过分享励志的故事、给予积极的建议和指导，或传递希望和鼓励的信息，能够在读者或观众的情感中激发积极的共鸣和回应。

找到你垂直领域中的观众，思考能为他们提供什么样的情感价值。

4.1.2 提供信息资讯

你的粉丝关注你，肯定是因为你能够传递新的知识、信息或观点，帮助读者或观众增加知识储备，了解新事物，或深入了解某个领域；能够提供实用的建议、技巧、解决方案或指南，帮助人们解决问题、改善生活、提升技能或取得进步；能够带来新颖的观点、独特的见解或原创的创意，启发读者思考、激发创造力，并为他们提供新的思维模式或视角；内容容易被分享、传播或推荐给他人，它能够激发人们的共鸣，并具备社交分享的潜力，从而扩大影响力和触及更多人群。

因此，为了留住你的粉丝，持续提供有价值的内容，你可以尝试使用多种形式来传达信息资讯，以满足不同粉丝的喜好和需求。这可以包括文字文章、图文混排、视频教程、直播解说等形式。选择适合你的领域和粉丝群体的形式，提供多样化的信息资讯；在提供信息资讯时，引用可靠的来源和专家观点能够增加信息的可信度。确保你所提供的资讯有明确的来源，并引用权威专家的观点，以提供更全面和可靠的信息；保持学习和更新自己的知识，跟随行业的发展和趋势。这样可以提供更新、更准确的信息，并保持你在领域中的专业性和竞争力。

小任务

在日常内容中，多为你的粉丝提供其感兴趣且实用的信息。

4.1.3 创造新鲜体验

展示世界上新鲜事与另一种生活，带给粉丝新的认知和动力，激发好奇心。保持对新事物和热门趋势的敏锐感知，并将它们分享给粉丝。这可以包括新兴科技、社会文化现象、旅行目的地、时尚潮流等。通过展示新事物，你能够引领粉丝探索未知领域，激发他们的好奇心和求知欲。

通过旅行和探索不同的地方，你可以给粉丝展示一个全新的世界。分享你的旅行经历、文化体验、风土人情，以及各地的特色景点和活动。通过图片、视频和文字描述，让粉丝感受到不同地域和文化带来的新鲜感。

自己亲身尝试并分享新鲜的事物和体验。可以包括尝试新的美食、参与冒险活动、学习新的技能或参加新的社交活动。通过展示你的个人经历和感受，激发粉丝的好奇心和尝试新事物的渴望。在分享新事物和另一种生活时，展示你独特的观点和见解。通过对事物的深入思考和独特的观察，给粉丝带来新的思考角度和启发。

与在不同领域具有专业知识和经验的专家（科学家、艺术家、企业家、运动员等）合作，让他们分享自己的见解和独特的经历。通过他们的故事和知识，为粉丝打开新的认知和动力，激发他们对这些领域的好奇心。

小任务

多为你的用户创造新鲜感，尝试一些新的领域，或者是交叉领域，给他们带来一些新的体验。

4.1.4 呈现令人认同的价值观

首先，明确你自己的价值观并将其传达给粉丝。价值观可以包括正直、诚实、勇敢、友善、可持续发展等。通过你的言行和创作内容，传达这些价值观，并展示你对它们的坚守和实践。

你可以分享激励人心和积极向上的信息，以引发粉丝的共鸣和认同。这可以包括成功故事、励志的言论、正面的心态等。通过分享这样的信息，激发粉丝对自我成长和积极生活的动力，同时也与你的价值观保持一致。

其次，在你的创作内容中增加有意义的主题和话题，如人际关系、情感健康、社会公正、平等和多样性等。通过深入探讨这些话题，引发粉丝对这些话题的思考和讨论，并与你的价值观相契合。

最后，在你的言行中保持一致性和真实性，使你的行为与你的价值观保持一致。避免出现矛盾和伪装，以建立可信和真实的形象。粉丝会更容易认同和支持那些真实表达和实践自己价值观的人。

 **小任务**

发布一条新的鸡汤文笔记，吸引更多的粉丝讨论，引发他们的共鸣和认同。

4.2 同样的主题千篇一律，有趣的内容万里挑一

在如今的互联网世界中，我们每天都被大量的内容所包围。不论是社交媒体、博客、视频还是文章，都充斥着无数相似的主题和观点。你是否觉得同类主题的内容似乎千篇一律，缺乏新意和独特性呢？是的，我明白这种感受。有趣的内容的确是少之又少的，但我相信身为旅游网络红人的你有能力通过独特的观点和创意的表达方式打破这个局限。

4.2.1 在数字时代展现自我

在数字时代，展现自我是一种有效的方法。数字平台提供了广阔的舞台，让我们可以自由地表达自己的观点、分享自己的才华和经验。当网红展现自己独特的个性、创造力和才华时，粉丝会被吸引并对其作品产生兴趣。他们期待看到新颖而有趣的内容，而网红的展示正是满足了这种期待。

网红在展现自我时，经常会分享自己的观点、见解和经验。这些独特的视角可以帮助粉丝看到事物的不同侧面，并从中获得新的认知和思考。

假设有一个健身领域的网红，名叫凯文。凯文在网络上展现自我，分享自己的健身理念和经验。他以一种独特的视角来看待健身，强调全身心健康的重要性，而不仅仅关注外貌和体重。他在视频中经常分享他自己的日常饮食计划、健康习惯以及如何管理压力和焦虑等方面的见解。他强调健身不仅仅是锻炼身体，还是一种生活方式。通过凯文的分享，粉丝们开始改变体重至上的观点，不再一味地追求瘦，意识到健身不仅是为了追求外貌上的改变，更是为了提高整体健康和幸福感。凯文的独特视角和见解激发了粉丝们的思考，让他们开始反思自己对健身的认知，并可能改变他们的健身观念和生活方式。

 **小任务**

勇于在社交平台上展现自己，多分享你的日常生活，你对生活中遇见的事务的感受和见解。

4.2.2 说出粉丝的心里话

有趣的内容不代表抖机灵，它需要说出你对粉丝的心里话，也就是戳痛点。还是以健身博主凯文为例，假如他总是宣传健身就是为了参加健美比赛，女性只要进行力量训练肌肉就会过分发达，健身只要进行有氧训练等这些错误的观点，那么他永远无法成为当红博主，粉丝量只会越来越少不会增加。

所以，我们要明白我们的内容要传达什么，要解决粉丝什么样的困扰。

若你的受众是宝妈，当你向她们传达亲子游这样玩能让孩子和家长都乐翻天，孩子能有收获，家长也能无痛遛娃时，你的视频点击率一定很高，他们是在为你点赞吗？不，他们是在为你的观点，为你的内容点赞。

同时，一些还在寻找假期带孩子出游攻略的家长看到你的视频也会为你点赞，会觉得你的视频戳中了她们的痛点，甚至成为你的铁粉。

一切都只是因为，你说出了用户的心里话。

4.3 观众的眼球不会从天而降

在这个充满竞争和信息爆炸的时代，从社交媒体到电视广告，从新闻报道到网络视频，我们的周围充斥着各种形式的内容，我们面临着无数的选择和刺激，每天都被大量的信息冲击。因此，我们必须认识到，吸引观众的注意力并不是一件很容易的事情。观众不会无缘无故地关注你，他们需要有一个理由。这个理由可能是因为你提供了独特的价值，或者因为你在某个领域有丰富的经验和知识。观众可能对你的技能、才能或者对某个话题的热情感兴趣。也可能是因为被你冒犯到了。

4.3.1 你需要适当地冒犯观众

观众不会无缘无故地关注你，这是一个令人不愉快但又真实的观点。我们生活在一个快节奏的社会，人们的关注力变得非常有限。在这个信息过载的时代，吸引观众的注意力变得越来越困难。我们必须承认，我们不能仅仅依靠自己的存在就能吸引观众的注意。

但冒犯不代表我们要专挑别人的弱点进行打趣，我们应该避免无意义的攻击、人身攻击或引发仇恨。我们的目标是激发对话和增进理解，而不是创造分裂和引起敌意。

适当的冒犯应该鼓励观众进行理性思考和自我反思。通过引发深入的对话和讨论，帮助观众更好地理解问题，并从中获得新的观点和认识。

喜剧类节目通常以夸张、诙谐和讽刺的手法来揭示社会中的一些现象或问题，通过让观众发笑和思考，创造出一种独特的观看体验。因而我们常说喜剧又被称为"冒犯的艺术"。

所以，要想吸引观众的眼球，我们需要适当的冒犯，但同时我们也要学会把握冒犯的边界。

小任务

找到你的观众的痛点，在你最新的内容里适当地进行冒犯。

4.3.2 观众多爱听冷知识

观众通常会对较为冷门的知识或奇闻异事表现出浓厚的兴趣。

冷知识通常涉及罕见或特殊的情况，这种新颖性和独特性引发了观众的好奇心。

人们喜欢了解那些与众不同、与常规不同的事物，这种奇特的知识激发了他们的兴趣。

冷知识常常带来一些出人意料的事实或信息，让观众感到惊讶和兴奋。这种意外性激发了他们的注意力和探索的欲望。

比如与匈牙利人喝啤酒不能碰杯、科罗拉多大峡谷其实完全位于亚利桑那州，与科罗拉多州并无地理交集（名称源于科罗拉多河）等，这些冷知识许多人都不知道，如果你在标题中加上一个冷知识，或者在你的文案中显眼处向观众科普这些冷知识，我相信你一定能抓住观众的眼球，迅速涨粉。

小任务

多阅读，发现一些不为人知的冷知识，这些冷知识要和旅游相关，并向观众科普。

阅后实践

内容数据分析

完成这些小任务之后，你的视频或内容点击率如何呢？

如果还是不理想，请你根据前面分享的"干货"以及各平台运营的小技巧，发布新的内容，内容要不仅能固粉，还能涨粉。

5 AI 赋能：智能工具提升创作效率与质量

在信息爆炸的时代，AI 技术正从"辅助工具"升级为"创意伙伴"。它能帮你从海量的数据中提炼爆款逻辑，用虚拟分身突破体力极限，甚至用算法预测下一个流量风口。但记住：AI 是翅膀，真实体验才是氧气。本部分将结合国内真实工具与博主案例，手把手教你用 AI 实现"质效双赢"，同时避开"机器替代人性"的深坑。

5.1 AI 文案生成：告别灵感枯竭

你是不是也经历过这样的时刻？深夜盯着空白文档，光标一闪一闪的仿佛在嘲笑你的灵感枯竭；好不容易写完标题，却发现和热门内容撞车；想用方言梗拉近距离，却怕"用力过猛"变成尴尬表演……别慌，这些挣扎每一个创作者都经历过。

AI 文案工具就像你身边那个"总有点子"的闺蜜——她能在 3 秒钟内甩给你 100 条标题，但真正让内容发光的，依然是你对生活的细腻观察。AI 是笔，而你是握笔的人。它擅长从数据海洋里打捞趋势，但你才是那个知道"哪片浪花值得留住"的冲浪者。就像博主@长安吃货的西安攻略，AI能罗列鼓楼、碑林、回民街，但只有你知道：真正的老饕会钻进洒金桥的晨雾里，蹲在街边掰一碗泡馍，听老板用陕西话吼一句"美滴很"——这才是机器永远无法复制的"人情味"。

所以，下次让AI帮你写文案时，不妨试试这个公式：

"冷冰冰的数据"+"你滚烫的经历"="让人忍不住收藏的爆款"。

当AI生成"西藏自驾攻略"时，记得补上你在海拔5000米摔相机后，藏族大叔递来的那杯酥油茶；当它推荐"网红打卡点"时，一定要加上你发现的"避开人流的秘密机位"。这些带着温度的细节，才是观众真正想听的"人间真实"。

记住：AI能给你翅膀，但飞向哪片天空——永远取决于你心里那团火。

5.1.1 旅行攻略自动化

在旅游内容创作中，AI工具正成为突破灵感瓶颈的关键。国内主流工具如深度求索（DeepSeek）、文心一言和通义千问，能够快速生成结构清晰的攻略框架。例如，当你计划撰写"西安美食地图"时，只需在深度求索中输入需求："生成包含5家本地老店的攻略，需标注人均价格、避坑提示（如回民街排队陷阱），语言风格活泼并加入陕西方言梗（如'嘹咋咧'）。"AI会在30秒内输出涵盖店铺地址、推荐菜品和实用贴士的初稿。你随后补充实地拍摄的"贾三灌汤包正确吃法"视频教程，并加入方言配音。这种"AI框架+人工细节"的模式，既提升了效率，又保留了个人特色。

 操作指南

工具选择：深度求索（长文本）、文心一言（情感化文案）、通义千问（多语言适配）。

指令公式：人群+核心需求+风格+特殊要求（如方言梗）。

反面案例：输入"写杭州攻略"→生成泛泛而谈的百科文。

正面案例：输入"写给'90后'情侣的3天2夜杭州游，包含小众拍照机位和本地人私藏菜馆，语言风格活泼，穿插'绝绝子''emoji'。"

 **小任务**

用DeepSeek生成"你的家乡24小时逛吃攻略"，删除AI内容中3处不真实信息，并添加方言梗。

5.1.2 标题与文案优化

AI不仅能生成内容，还可优化标题与文案风格。你可以将语言生硬的文案转为小红书体。例如，输入"将'青海湖包车攻略：费用、住宿、拍照机位'改为小红书风格"，AI输出："🚐青海湖包车全攻略｜人均200玩转环湖！📷私藏机位+🏠人均50的青旅！速码！"

爆款标题公式：

①情绪法：惊叹词＋痛点＋解决方案。（例："救命！差点在黄山迷路！收好这份24小时救援地图！"）

②反差法：颠覆常识＋数据佐证。（例："谁说古镇商业化？这3个冷门古镇连本地人都私藏！"）

③悬念法：提问＋利益点。（例："在敦煌拍星空犯这3个错，你的相机可能报废！"）

小任务

查找"露营"相关热搜词，生成5条AI优化标题并测试点击率差异。将AI生成的"故宫雪景攻略"标题《冬日故宫摄影技巧》改为悬念式，添加"emoji"和热词"#氛围感"。

5.2 视频剪辑智能化：小白也能出大片

AI剪辑工具大幅降低技术门槛，让零基础的用户也能制作出专业级视频。你有没有试过熬夜剪视频到凌晨三点，结果播放量还没破百？或者面对10小时的素材，根本不知道从哪一秒开始下手？别自责，这些崩溃瞬间连百万粉博主都经历过！

但你知道吗？某爆款视频《新疆的蓝眼泪！》其实只花了20分钟剪辑。AI不是来抢饭碗的，它是来帮你腾出时间感受生活的。就像小娴的九宫格照片，如果她把时间全花在调滤镜、卡节奏上，哪还有精力去发现洒金桥的晨雾和民宿老板的秘制辣酱？

下次剪辑时，记住这个公式："AI流水线生产"＋"你亲手埋的彩蛋"＝"让人忍不住看完的3秒定律"。

让AI去处理转场特效和字幕同步，你只管往视频里塞"私货"——比如在赛里木湖片段里插一句："当时冻得手抖，但牧民大叔送的奶茶暖到心窝！"这些带着呼吸感的细节，才是观众真正想追的"连续剧"。

AI能剪出专业级画面，但只有你能剪出"屏幕外的笑声和眼泪"。

5.2.1 AI自动成片

对于视频创作者而言，AI剪辑工具大幅降低了技术门槛。剪映和必剪的"智能成片"功能，能够自动识别素材中的高光片段并匹配音乐与转场特效。例如，你上传10小时新疆赛里木湖素材后，剪映的"自然风光"模板自动提取天鹅游弋、牧民赶羊和落日熔金等画面，并配以《可可托海的牧羊人》作为背景音乐。你仅需手动调整开头3秒：天鹅特写＋标题"新疆的蓝眼泪！"即可快速做出视频。

工具对比：

工具	优势	适合场景
剪映	模板丰富，手机端友好	日常vlog、快速出片
必剪	B站生态适配，弹幕特效	二次元、游戏解说
度加剪辑	AI语音字幕精准	访谈、课程录制

 小任务

用剪映将旧旅行照片生成15秒卡点视频，添加话题"#AI旅行回忆"并发布至抖音并记录完播率。

5.2.2 虚拟人解说

许多视频工具都有虚拟人功能，可生成方言或古风解说。例如，你可用"AI李白"形象，以四川话讲解西安碑林历史，"杜甫当年在这块碑前喝了三斤酒，才写出《饮中八仙歌》！你们晓得'斗酒诗百篇'咋个来的不？"视频还可以穿插"唐朝穿越指南"等热梗。

 操作步骤

工具选择：腾讯智影（古风虚拟人）、D-ID（多语言口型适配）。

脚本设计：知识点+梗+方言（例：粤语解说黄鹤楼时插入"饮早茶顺路打卡"）。

风险提示：虚拟人需要标注"AI生成"，避免"假人带货"违规。

 小任务

生成一段15秒粤语版景点解说视频，发布并记录完播率。尝试用AI将"杭州西湖历史"文案转为《红楼梦》林黛玉口吻，发布至B站国风区。

5.3 数据驱动的选题优化：抢占流量先机

AI结合数据分析工具，帮助博主精准捕捉趋势，避免盲目跟风，算法比你更懂观众想看什么。每天刷热搜榜像在菜市场挑剩菜？好不容易跟风拍"寺庙手串"，播放量却不如隔壁老王拍的"寺庙流浪猫"？数据不是答案，而是藏宝图——AI像雷达，你才是掌舵人。它能扫描出"反向旅游""围炉煮茶"这些关键词，但只有你知道：真正的流量密码藏在"爸妈看了你的攻略，居然主动要去露营"的家族群里。

试试这个公式："热搜词"+"你的社死名场面"="让观众笑着点收藏"。

比如用AI生成《网红景点避坑指南》时，一定要加上你在洱海民宿被鹅追着跑的监控录像。毕竟，算法能算出趋势，但算不出你摔进稻田时，隔壁大娘笑出鹅叫的魔性声音。

记住：数据告诉你观众需要伞，而你要做的是——在暴雨天第一个举起伞，然后大喊："快来我这躲雨！"

5.3.1 热点预测与落地

通过新榜和飞瓜数据，你可以发现近期飙升话题。例如，"寺庙手串"搜索量骤增320%时，博主@佛系青年用深度求索生成"年轻人寺庙游指南"，包含灵隐寺拍照禁忌和雍和宫手串防坑攻略，并补充"手串摔碎后修复方法"等真实经历，单条广告收入2万元。

工具链

热点挖掘：新榜、飞瓜数据、微博热搜。
趋势分析：Google Trends、巨量算数。
排雷必备：权大师（版权检测）、句易网（违禁词过滤）。

小任务

用"巨量算数"查找"反向旅游"热搜词，生成一篇AI攻略，对比早中晚发布的效果差异。分析竞品账号的爆款标题，提炼"免费""冷门""秘境"等高频词，生成差异化标题。

5.3.2 从"广撒网"到"精准钓"的用户分析

粉丝量≠变现力！你是不是也迷信过"百万粉=躺着赚钱"？某博主就吃过这亏——账号粉丝破百万时，品牌方排队找上门，结果一条露营灯广告发布后，评论区炸了："60岁阿姨要这灯有啥用？""博主是不是接不到正经代言？"一查粉丝画像，50%用户竟是60岁以上退休族！最终广告转化率不到0.3%，品牌方连夜删合作帖。

血的教训：粉丝量只是泡沫，精准度才是真金白银！记住，精准不是讨好所有人，而是让对的人觉得"这个博主懂我！"——毕竟，100个为你尖叫的粉丝，远比10万个冷漠的围观者值钱。

AI分析法

粉丝画像：通过"千瓜数据"导出粉丝的年龄、地域、兴趣标签。
内容匹配：若粉丝多为25~35岁女性，重点推送"亲子露营""网红打卡"内容；若男性占比高，侧重"装备测评""极限运动"。
变现适配：美妆品牌投"精致旅拍"，户外品牌投"硬核探险"。

小任务

导出你的账号粉丝画像，用AI生成一份"粉丝兴趣—内容类型"匹配表。针对

"Z 世代"用户，设计一条包含"盲盒""元宇宙"元素的 AI 生成脚本。

5.4 虚拟分身与数字人：突破出镜限制

虚拟人技术打破时间与体力限制，可以帮你实现 24 小时持续曝光。有没有算过每天有多少时间浪费在重复回复"哪里买装备""路线安全吗"，或者因为感冒失声，眼睁睁地看着热点过期？

某西藏博主就经历过这种绝望，直到他教会 AI 分身说藏语——现在哪怕他在医院挂水，虚拟人也能对着镜头喊："老铁们！纳木错结冰期的防滑链选这种！"顺便跳一段改编版锅庄舞。

但小心！虚拟人用得不好会变成"塑料姐妹花"。就像那个用 AI 直播卖羽绒服的博主，因为数字人永远保持露齿笑，被粉丝吐槽："零下 30 摄氏度还笑得这么甜？一看就是假人！"

记住这个公式："AI 的 24 小时待机"+"你的独家表情包"="既高产又高情"。

观众可以接受你的分身偶尔卡顿，但永远不会原谅"机器味"的敷衍——毕竟他们关注的是你，而不是一个会说话的智能音箱。

5.4.1 24 小时直播引流

虚拟人技术为你提供了 24 小时持续曝光的能力。大多数视频工具的虚拟主播都允许上传真人照片生成 3D 数字分身，并设置自动回复规则。例如，你因高原反应无法直播时，可以用虚拟分身持续回答弹幕问题："装备在哪买？"触发回复"点击橱窗第三件，新人券立减 100！""线路危险吗？"触发回复"新手必看置顶视频'第一次徒步避雷指南'"。

操作警告

必须标注"虚拟主播"，避免违规。

敏感问题（如政治、医疗）需设置"转人工客服"。

小任务

用"智影"设置一场 2 小时 AI 直播，推广一款旅游好物，监测"点击—购买"转化率。尝试用虚拟人复刻你的标志性动作（如撩头发、竖大拇指），测试粉丝识别度。

5.4.2 多语种内容覆盖

例如，百度翻译等很多多语种翻译软件可生成双语内容。例如，某文旅账号制作"苏州园林英文解说"，YouTube 播放量超 10 万次，海外订单增长 300%。此外，讯飞听见支持实时语音翻译，博主可在直播中同步生成英文字幕，吸引国外观众。

工具链

翻译：DeepL（学术级精准）、百度翻译（口语化适配）。

配音：微软 Azure（支持 120 种语言）、讯飞配音（方言特色）。

文化适配：避免直译"白发三千丈"，改用"Her hair flowed like a silver river"。

小任务

将一条爆款视频翻译为日语，添加"#JapanTravel"标签发布至 TikTok。

5.5 AI 风险规避：别让工具"反噬"人设

尽管 AI 极大提升了创作效率，但其局限性不容忽视。

2025 年某博主使用 AI 生成"西藏无人区自驾攻略"，因未核实"免费进入冰川秘境"的真实性，导致粉丝误闯保护区被罚款。这给我们警示：AI 无法替代人工的信息核实责任。此外，过度依赖 AI 可能导致人设模糊，如某搞笑博主使用 AI 生成文案后，粉丝吐槽"段子变教科书"。

避险守则

事实三审：政策（文旅局官网）、价格（OTA 平台）、时间（交通 App）。

人设保鲜：在 AI 文案中保留口头禅（如"家人们谁懂啊"），定期插入真人出镜。

伦理红线：宗教、政治、医疗类内容绝对禁止 AI 生成。

小任务

用 AI 生成一篇攻略，标注需人工验证的 3 个信息点（如门票价格、交通时间等），发布时备注"关键信息已实地核对"。

结语：AI 不会取代创作者，但会用 AI 的创作者将淘汰不用 AI 的人。记住：机器负责"效率"，你负责"灵魂"——这才是内容王道的终极答案。

阅后实践

AI 全链路实战

内容生成：用 AI 生成一篇"元宇宙旅行报告"，要求包含"虚拟古城""NFT 门票"等概念。

风险管控：将报告中"无须签证"改为"政策可能存在变动"，并添加免责声明。

数据追踪：发布后监测"分享率""完播率""投诉率"，迭代下一期内容。

第五章 / 从流量中来，到"留"量中去

第五章

从流量中来，到"留"量中去

● **导语**

流量汹涌的时代，如何巧妙捕捉、精准转化，让你的每一个观众都成为忠实的"留"量？本章为你揭秘这一关键。在这里，我们将深入探讨用户与流量的紧密关系，指导你搭建并高效运营自己的流量池。你将学会如何精准挖掘铁杆粉丝，建立稳固的情感链接，从而构建属于你的专属社交场。记住，每一次成交都源自深深的喜爱与信任。跟随本章的步伐，让你的流量转化为源源不断的忠诚"留"量，开启个人品牌影响力的新篇章！

1 用户＝流量＝你我

1.1 引流原来如此简单

有一句富有哲思的话：我是谁？我从哪里来？我要到哪里去？那么，在这里我们也要知道流量是什么？流量是谁带来的？怎样获取流量？

1.1.1 流量是什么

作为旅游网红，我认为在这个背景下，"流量"指的是网站、社交媒体或其他在线平台上吸引和获取的用户访问量和关注度。这包括网站或社交媒体页面的浏览量、点击量、点赞、评论、分享等指标。对于旅游网红而言，流量是衡量其在线影响力和受欢迎程度的重要指标。

但对于旅游网红来说，流量就是努力通过发布吸引人的旅行内容、照片、视频、游记等来吸引用户的关注和兴趣。他们希望通过有趣、有价值的内容，吸引更多的人点击、转发、分享，从而增加其社交媒体或网站的流量。更高的流量通常会带来更多的曝光机会和赞助商合作机会，从而进一步提升其影响力和收入。

因此，从旅游网红的角度来看，流量代表着网站或社交媒体平台上他们所吸引的用户数量和关注度，对于他们的成功和影响力至关重要。

1.1.2 流量是谁带来的

这些浏览量和点击率是谁带来的呢？可想而知，是"我们"——用户。就像我们日常生活中刷抖音时候就会为了有趣的萌宠、好看的帅哥美女点赞一样，流量的本质就是用户需求，只有需求被满足了，才会有交易。以前的网络时代，只要你的视频具有一点点小梗便会被疯传。

淄博烧烤火起来，也是因为网络用户也越来越多，受众人群也越来越多，关注也越来越多，给淄博带来了巨大的关注度，不管是男女老少都想着"进淄赶烤"，能够吃上一口淄博的烧烤。

1.1.3 怎样获取流量

流量的来源通常是由网红本身和其他参与者共同带来的。作为网红，你的内容质量、个人品牌形象和推广策略等因素将直接影响流量的增长。

（1）个人努力：作为网红，你需要通过发布优质的旅行内容、照片、视频和游记来吸引用户的关注和兴趣。你可以通过精心策划和制作吸引人的内容，以及与关注者的积极互动来提高流量。定期更新内容、回复评论和提供有价值的旅行建议都可以增加用户的参与度和留存率。

（2）社交媒体平台：社交媒体平台如 Instagram、YouTube、Facebook 等是网红获取流量的重要渠道。通过在这些平台上发布内容、与关注者互动和利用平台特性（如标签、分享、推荐等），你可以吸引更多的用户访问你的页面并增加流量。同时，除了在社交媒体平台上发布内容外，将你的旅行内容跨平台推广也是一个有效的方式。你可以通过在旅行相关的论坛、博客、在线社区等地方参与讨论和分享你的内容，吸引更多的用户点击你的链接。

（3）与粉丝互动：与你的粉丝互动和建立联系也是增加流量的重要方式。回复粉丝的评论、回答问题、举办问答活动、提供旅行建议等，可以增强粉丝对你的关注和忠诚度，并鼓励他们分享你的内容，进而带来更多流量。

（4）合作伙伴和品牌合作：与旅游相关的品牌合作和合作伙伴也可以为你带来流量。当品牌在其渠道上宣传你的内容，或与你合作举办活动、比赛等时，他们的受众可能会转移到你的平台上，从而增加流量。

（5）网络口碑和推荐：用户对你的内容的积极评价和推荐也可以带来流量。当用户在社交媒体、旅行论坛或其他在线平台上推荐你的内容时，其他人可能会被吸引并访问你的页面。

综上所述，作为一个旅游网红，流量的来源是多样的，取决于你的个人努力、社交媒体平台、与粉丝互动、合作伙伴以及口碑和推荐等因素的综合作用。通过积极提供有价值的内容、有效推广和合作，你可以吸引更多的用户访问你的平台，从而增加流量。

小任务

找一个自己最喜欢的博主，分析其流量是怎样获取的。

1.2 5G 时代，流量为王

1.2.1 分享欲才是最好的流量

分享欲是旅游网红最好的流量来源，它是指人们出于自愿和兴趣，主动将旅游网红的内容分享给他人。比如通过小红书、抖音、微博等社交平台把思想、生活或者相关产品分享出去，并且还要持之以恒地不断输出，这样才能达到"1 + 1 > 2"的效果。当你能够影响一个人的时候，或者说当你有一个粉丝的时候就意味着你可以获得更多的粉丝。

曾经有一个旅游网红名叫蓝岸，他在社交媒体上分享自己的旅行故事和见闻。蓝岸非常热爱旅行，每次出行都会用心记录下美丽的风景、有趣的人物和特色的美食。他的照片和文字描述总是能够引起人们的共鸣和兴趣。

有一次，蓝岸前往一座偏远的小岛旅行。在那里，他发现了一个隐秘的海滩，水清沙细，景色宛如天堂。他立刻拍摄了一张美丽的照片，并且在社交媒体上分享了自己的体验。他描述了那片海滩的美丽，提供了如何到达的指南，并分享了自己的感受和建议。

蓝岸的分享很快引起了网友们的关注和兴趣。一位用户看到了他的分享后，决定去那座小岛一探究竟。他在那片海滩度过了美好的时光，拍摄了自己的照片，并在社交媒体上感谢蓝岸的分享。随后，更多的人开始关注蓝岸的旅行账号，并纷纷计划去那座小岛旅行。

由于蓝岸的分享欲，这个偏远的小岛开始受到了更多旅游者的关注。旅游业在这片海滩周围兴起，出现了更多的酒店、餐馆和旅行社。当地居民也从中受益，他们开始与旅游者互动，分享当地的文化和传统。这个小岛的旅游业迅速发展，带来了经济繁荣和就业机会。

那么更为成功的范例就是淄博烧烤，也是抖音上一位博主发布的"淄博烧烤的正确吃法"视频获得了 19.1 万的点赞量，并被转发 22.4 万次，吸引了大量的粉丝关注和追捧。而同城热搜榜上的"大学生组团到淄博吃烧烤"更是引爆了网友们的热情，搜索量超过了 500 万次。

这样你也可以完全畅想出你作为旅游博主，分享欲能过够给你带来多大的流量。怎样去提高自己的分享欲呢？

第一，讲故事。要有发现美的眼睛，即使身边最微小的是事情也可以成为你的一个分享点，比如讲你现在的心情或者讲你现在使用的这支笔，你的性格，都是你可以分享的东西。在这里要学会的是与粉丝找趋同，引起他们的兴趣，和你交流。

第二，表明自己的态度或者观点。在这里，就是制造争议点。让粉丝去阐述不同的观点，或认同你，或质疑。你也可以去随时研究一个明星或者网红，人的成名总是伴有争议的，所以本身具有话题也是你能火的一步。

我要提醒你的是，分享的目的可以是帮助他人，也更可以是释放自己。比如通过分享一些购买干货，或者给大家分享你最喜欢的一条裙子。分享的东西越是积极向上，充满真诚，那么你就越可以影响其他人、塑造 IP 以及成就自己。

发现身边的一件小事，阐发观点并制作成视频上传至个人账号。

1.2.2 为自己贴标签

你要问我喜欢什么样的博主？那我的回答一定是两个字：真实！

很多朋友会问，我怎么给自己定位？给自己定位成什么人设呢？

这件事情需要问自己，建议抽出时间独处一下，问自己三个问题：①我为什么要做这件事情？②我做这件事情有什么核心竞争力？③我未来想把这件事情做成什么样子？当我们扪心自问，问出自己这三个触及灵魂的问题并给出自己答案的时候，我们的人设问题就有了比较明确的答案。

比如说，1994 年出生的享梦游创始人彭士平，他做旅游网红的初衷是想分享世界与你，他的核心竞争力是他有国旅环球做背书，通过五六年的努力，有 20 万 + 的付费会员，有区别于传统旅游的七新旅游。他未来想把享梦游业务遍布全世界。

大家看，通过拆解，彭士平成了一个有血有肉的人，一个热爱旅游，坚持自我，他的人设是不是就立起来了。因此，他的人设的主标签是：享梦游创始人；他的副标签是：热爱旅游，渴望分享世界与你的大男孩。

现在的互联网博主最不缺就是为自己打造人设，通过人设去吸引粉丝，但是你又可以看到这些博主的人设崩塌，转瞬即逝。归根结底，就是他们没包装成功。

那你又要问粉丝为什么会喜欢他们？我告诉你，身处 Z 时代的人，热点层出不穷，就像 2021 年 8 月，大家还记得当时的微博热搜密集吗？几乎每隔一两天就会出现一个明星塌房的信息，说实话，那一年也是我吃瓜最多的一年。回到正题，粉丝为什么粉他们？当然是因为粉丝崇拜那些他们想成为但又不能成为的人。也不要把所有人都当作傻子，群众的眼睛都是雪亮的！所以真实是你的立身之本。

如何贴一个或者几个既受欢迎又立得住的标签，我想下面三点可以帮助到你。

（1）真实源于个性

如果你热爱美食，想成为一个美食家，你可以分享你对美食的独特见解和品位，推荐美食宝藏和独特的食物体验，帮助人们发现美食的乐趣。你可以从各个方面下手，比如你的味觉很好，那么就可以说"舌尖上的大师"；如果你外表胖胖的，也可以说"胖子家的厨房"；如果你不会做美食但是想要分享，同样可以为自己贴上"一个不会烘焙的××者"等。

如果你喜欢冒险，想成为一个冒险探索者，你可以分享你的冒险经历，像徒步旅行、潜水、攀岩等，鼓励其他人去探索他们自己的冒险之旅。你可以为自己贴上"极限挑战专家""探险达人""随心旅游者"等标签。

如果你关注环境保护和可持续发展，你可以成为可持续旅行倡导者，分享你的环保意识、环保旅行建议和推广可持续旅游的行动，鼓励人们在旅行中对环境负责。你可以说自己是"环保使者""可持续生活推动者""绿色旅游倡导者"。

看到我说的"热爱""喜欢""关注"等词语都是建立在你的兴趣和热爱的基础之上，因为这决定着你是否能坚持本心地坚持下去，同时根据你的兴趣、专长、喜欢等各个方面去贴标签也可以。何况旅游有这么多不同的方式，我敢说，你专精其中一种，你也能火起来。

只要所有的人设和标签建立在真实的基础之上，那么你一定会火！

（2）真实也有"功利心"

贴标签也不是随随便便贴的，你要去观察你的用户，说白了就是对标粉丝。我们做账号的目的就是吸引粉丝，让粉丝成为你的忠粉，最后变成你的客户，让你得到的所有流量实现变现。

给你讲个小故事。

"看一千次海"是一名狂热的自驾游爱好者，他喜欢通过自驾游的方式探索世界各地的美景和文化。他开始记录自己的旅行经历并在社交媒体上分享。然而，他很快发现，自己的内容并没有得到足够的关注和回应。

在进一步调研后，"看一千次海"意识到他的目标人群应该是像他一样热爱自驾游的人群。于是，他开始将更多的注意力放在他的自驾游经历上，分享他的路线、停靠点和经验，同时也分享一些关于自驾游安全的知识。

随着时间的推移，"看一千次海"发布的内容越来越受到自驾游爱好者的关注和欢迎，他的粉丝数量也在迅速增长。他的内容不再被埋没在海量的旅游分享中，而是成为自驾游领域的专家，带给人们更多的灵感和探索的想法。

你看，这就是选择你的目标市场的重要性，关键就是要对你的粉丝投其所好，做一些符合他们胃口的"食物"，这样你才会吸引更多的粉丝，实现流量的变现。

（3）真实也需善意的谎言

有的人会问我，如果我没有想好做哪一方面的旅游博主，那么要怎么办？

那我就要反问你了，你相信世界上所有人都有自己喜欢且擅长的事情吗？

很显然，没有。但也有很多的博主能够做成功。

这是为什么？

显然，你不知道做什么也没关系，只要你有一颗真诚并且想做博主的心，只需要稍微包装自己，并按照之前所说的为自己贴上标签，在这里分享你的生活、观点、思想即可。

你也可以转换一下思路，别人都是做自己擅长的、专业的，你就可以做自己不擅长的、不专业的，学习如何去成为一名旅游博主，不是也有很多的美妆博主，刚做账号的时候也不会化妆吗？也是放一些自己学习化妆的视频吸引了很多的粉丝。

而且他们火起来，虽说包装了自己，但是在传达观念方面一直都是真实的状态，表达的更是自己内心的东西。真实就是你的特色，这也是你可以脱颖而出取胜的关键。

所以，有时候贴上的标签也可以是一个小小的善意的谎言，最终还是要看你呈现的东西是不是真实的。

如果做到上述 3 个方面，我相信粉丝一定会感受到你的魅力，为你的观点所折服，进而被你圈粉。

毕竟，谁会不喜欢成为真实的自己呢？

 小任务

找一个自己喜欢的博主，分析他的标签属于哪一种？为自己贴一个属于自己的标签。

2 如何搭建运营你的流量池

2.1 三招让你秒变流量王

2.1.1 瞄准定位

前文中我们讲到为自己贴标签怎么做，其实讲了这么多，最核心的问题就是要弄清楚"我是谁"这个问题。

在一些生活场景中，有很多人在自我介绍的时候会说：我是某某专家或者某某大师。大家注意到没有，某某就是我们为自己的定位。定位就是能让别人迅速了解以及记住你。由此可见，瞄准定位这件事情刻不容缓。

我总结了一些步骤可供大家参考。

步骤一：定义目标受众

首先，仔细定义想要吸引的目标受众。包括年龄段、兴趣爱好、旅行偏好等方面的特征。通过了解目标受众的需求和喜好，可以更好地定位自己的内容和风格。

步骤二：寻找个人特色

思考自己在旅行方面的个人特长和独特之处。可以是擅长的目的地类型、特殊的旅行方式、对某一类活动的热爱等。找到自己的个人特色可以帮助你在竞争激烈

的旅游领域中脱颖而出。

步骤三：创造独特的内容

基于目标受众和个人特色，创造独特而有吸引力的内容。包括旅行故事、实用的旅行贴士、目的地介绍、美食推荐等。关键是提供有价值和有趣的内容，让观众愿意一次又一次地来关注和分享。

步骤四：建立个人品牌

致力于建立一个强大的个人品牌，使人们能够轻易地识别我和我的风格。这包括选择一个恰当的网名或昵称，设计个性化的标识和颜色方案，并在社交媒体上保持一致的形象和风格。

步骤五：与粉丝互动

积极回复粉丝的留言和评论，与粉丝互动，这有助于提高粉丝忠诚度和互动性，同时让他们感受到被重视和倾听。

步骤六：持续学习和创新

为了保持竞争力，要不断学习和探索新的旅行趋势、技巧和工具。要保持对行业的关注，及时调整自己的策略和内容，以满足观众的需求和市场的变化。

以上的每一个步骤都在前文提到过，现在将它们串联起来，形成一套完整的流程。按照这些步骤执行，你就能更精准地找到自身定位，并逐步成为备受关注和喜爱的流量王。

运用这些步骤找准自己的定位。

2.1.2 提高点击率

当你的作品中有一个获得大量的点赞时，这就意味着你火了！

你们观察过那些点击量过万的抖音视频吗？分析过他们能够让粉丝点赞的原因吗？对于大多数人来说，肯定没有。我有一个同学也是做抖音博主的，我们暂且称他为"吃个鸭梨"。下面我就讲一讲他的故事。

"吃个鸭梨"是一位美食博主，他经常在抖音上分享他的短视频。有一天，他发布了一段关于自己做饭的视频，意外地获得了过万的点赞和观看量。他好奇为什么这个视频能够引起如此大的反响，于是决定仔细分析一下。

他观察到，这个视频之所以受到关注，有以下几个原因：

（1）醒目的标题：撰写一个有吸引力和引人入胜的标题，能够吸引更多的点击量。标题应该简洁明了、有趣，并且能够激发读者的好奇心。

（2）独特的内容：视频展示了一个独特而有趣的饭菜制作过程，让观众感到新奇和好奇。这种独特的内容引起了人们的兴趣，促使他们停下来观看并点赞。

（3）精彩的剪辑和配乐："吃个鸭梨"在视频制作中运用了创意剪辑和配乐，使整个视频更加生动有趣。这种专业的制作技巧增加了视频的吸引力,让观众更愿意观看和分享。

(4)情感共鸣:视频中展示的饭菜制作过程充满了温馨和家庭氛围,观众可以从中感受到家的温暖和亲情。这种情感共鸣使观众更容易与视频产生连接,并留下深刻的印象。

(5)时机把握:"吃个鸭梨"发布视频的时机非常适合,正值晚饭时间段,人们对食物的渴望和兴趣达到了高峰。这使得视频更容易被发现和推荐给其他用户,从而增加了观看量。

通过对这个视频的分析,"吃个鸭梨"认识到成功的抖音视频需要有醒目的标题、独特的内容、精彩的剪辑和配乐,以及能够引起情感共鸣的元素。同时,他也明白了时机的重要性,选择合适的发布时机可以增加视频的曝光和点击量。

经过总结,最适合发布视频的时机在三个时间段:12点至13点;18点至19点;21点至22点。

"吃个鸭梨"将这些观察和分析应用于他今后的视频创作中,不断探索和尝试新的创意和内容,以提高自己的视频点击量,并吸引更多的粉丝和关注。

所以通过"吃个鸭梨"的总结,我们也能学到提高点击量的办法。

当然,还有其他更好的方法,这就需要大家自己去寻找,这也可以说是我留给大家的一个小任务:寻找一个属于自己的方法。

分析一个阅读量百万的视频分析为什么会火爆?讲出起码5点原因。

2.1.3 志同道合是关键

作为一个旅游网红,志同道合的粉丝非常重要。志同道合的粉丝是那些与你有相同兴趣的人,他们对旅游充满热爱,并且喜欢通过你分享的内容来获取旅游的灵感和信息。

从我的角度来说,志同道合的粉丝是那些与我有着共同目标和价值观的人。他们可能也梦想着探索世界各地的美景,追求自由、刺激和文化交流。他们可能也对摄影、美食、冒险或者与当地人互动等有着浓厚的兴趣。

志同道合的粉丝不仅仅是简单的观众,他们更像是伙伴和朋友。而且你们之间有着共同的话题和交流基础,可以相互分享旅行经历、推荐目的地、交流旅行技巧和心得体会。他们的支持和鼓励是你不断前进的动力,你也希望通过自身经历和分享来启发和帮助他们实现自己的旅行梦想。

与志同道合的粉丝建立起的互动和关系也是作为旅游网红的核心价值所在。努力与粉丝保持紧密的联系,回复他们的评论和私信,了解他们的需求和兴趣。尽可能地满足他们的期望,提供有价值的内容,并持续激发他们对旅行的热情。

总之，志同道合的粉丝是非常宝贵的资源和伙伴。他们不仅是你事业成功的关键，更是你旅行梦想的见证人和共同追求者。通过与他们的互动和交流，你不仅能够不断成长、实现目标，还能为他们带来富有启发性的旅行体验。

"流浪小狗"是一个旅游网红，她热爱探索世界各地的美景和文化。她在社交媒体上分享着自己的旅行经历和见闻，引发了许多人的关注和共鸣。

"流浪小狗"的分享不仅仅是风景照片和旅行攻略，她也深入探讨了可持续旅游、文化交流和环境保护等议题。她希望通过她发布的旅行类内容，唤起人们对这些重要问题的关注和行动。

渐渐地，"流浪小狗"吸引了一群志同道合的粉丝。这些粉丝与她有着共同的旅行兴趣和价值观。他们关心着环境的保护，尊重不同文化，渴望以可持续的方式体验世界。

这些粉丝不仅仅是默默地观看"流浪小狗"的视频和照片，他们积极参与互动。他们在评论区分享自己的旅行故事，提出问题，还会相互鼓励和支持。"流浪小狗"很感激这些粉丝的反馈和建议，因为这些意见能帮助她不断改进和提升她的旅行内容，使之更贴合粉丝的需求。

志同道合的粉丝之间也建立起了一种特殊的联系。他们在"流浪小狗"的社交媒体上相互认识，并开始私下交流。一些粉丝甚至成了真正的朋友，一起计划旅行、探索新的目的地，并共同参与各种旅行项目和活动。

"流浪小狗"意识到，她的志同道合的粉丝不仅仅是支持者，更是她旅行事业成功的重要因素。她与粉丝们共同成长和进步，不断探索新的旅行方式和目的地，推动可持续旅游的发展，传递正能量和社会影响力。

最终，"流浪小狗"的旅行事业蒸蒸日上。她的志同道合的粉丝继续支持着她的努力，并在自己的社交圈中传播她的旅行内容。

这个故事展示了一个旅游网红如何通过与志同道合的粉丝建立紧密的联系，实现个人成长和社会影响力的过程。志同道合的粉丝不仅是旅游网红的支持者，更是其共同成长和实现目标的伙伴。他们共同探索和传播旅行的美好，为旅游业的可持续发展贡献力量。

2.2 搭建自己的流量池

2.2.1 流量池思维

互联网营销，一直以流量和转化为两大基础，甚至可以说是永恒不变的主题，既然我们要去做互联网行业，那我们最需要最基础的就是流量。想要找到精准的流量池，做到精准引流，选对平台很重要，有句话说得好："找对鱼塘，钓对鱼！"

你不能保证所有的流量渠道都是你的，但是你必须要保证你有自己的流量渠道。无论任何平台，都不是砸钱就能买来长久的流量、铁杆的粉丝的，所以你要找到自己的流量池。

讲到这里就必须讲一下搭建专属流量池的好处与坏处。

以下是根据文中内容整理的关于不会寻找和学会了寻找精准流量池的对比表格：

情况	不会寻找精准流量池	学会了寻找精准流量池
流量状况	永远缺流量	源源不断的流量
产品销售	产品卖不出去	轻松销售产品
团队合作	无法发展团队	合作伙伴很多
收益状况	不赚钱	轻松、潇洒地赚钱
自我怀疑	怀疑自己不适合互联网行业	信心倍增，确定自己适合互联网行业
合作伙伴态度	无合作伙伴或态度冷淡	合作伙伴主动给予支持，包括资金支持

从最开始选择流量池的时候就决定了你最后的成交量，你没有精准的流量人脉，你的产品无论多好，朋友圈发得多好，也没有人关注成交。所以，寻找精准流量池，不要小看它的作用。

流量思维是指获取流量，实现流量变现。而流量池思维是要获取流量，并通过流量的存储、运营和发掘，再获取更多的流量。强调的是用存量寻找增量。

我们要先弄明白几个关键词，什么叫精准粉丝？什么叫泛粉？什么叫付费粉丝？

①精准粉丝

例如：想要专门做旅行+社群运营，首先就要找到精准粉丝，也就是他有可能需要我的旅行行程，需要我的旅行线路产品，我的产品是什么呢？旅行线路中的吃住行游购娱，以及旅游目的地周边等，那他如果需要我的产品，需要我为他提供服务，或者想做旅行轻创业的，对创业项目感兴趣的，那么他就是我的精准粉丝。

热爱旅行的人，对诗和远方向往的人，想和我一起去旅行，想要做旅行自媒体的，想要打造个人品牌、需要流量的人，都是我的精准粉丝。

②泛粉

泛粉就是一些通过自媒体平台，被我某个特质或特定福利吸引，想要认识我，领取福利，他们不一定需要我的行程线路、我所能提供给到的服务（或者说当下没有那么迫切需要）那就是泛粉。

③付费粉丝

愿意为我们的项目付费，愿意为我们的社群付费，愿意为我们自身付费的统称为付费粉丝。为什么愿意进付费的圈子，进入付费的群？因为有付费意识的人，他也愿意付费来加入我们的项目，学习我们的课程以及服务资源对他来说就非常有诱惑力，他也愿意付钱。

例如：引流、裂变、成交、营销、自动赚钱、文案、旅行线路、旅行轻创业、

第五章 / 从流量中来，到"留"量中去

等等。

只要有足够多的精准流量，何愁赚不到钱！那么什么样的流量池才是我们需要的精准用户流量池呢？有人的地方就有流量，抖音、小红书、微信、微博等平台，作为日活上亿的平台，我们的流量可以从这些地方获取，以及知识付费平台或移动App等，在平台中寻找我们需要的粉丝。

分析自己的粉丝由哪几部分组成。

2.2.2 你需要多个注水口

获取流量的自媒体平台有很多，但是如何找准适合自身的平台值得我们每一个人深思。

比如有的人擅长制作短视频，于是他选择了抖音赛道；

比如有的人擅长制作长视频，于是他选择了B站赛道；

有的人擅长图文种草，于是他选择了小红书赛道；

有的人擅长长文写作，于是他选择了公众号赛道……

不管是对于新手还是老手，都不能只运营一个平台，而且我们也可以看到抖音上粉丝最多的博主，不是只在一个平台上去运营他们的账户，大多数都是选择一个或者几个平台。

你需要注意的是，千万不要幻想一口吃成个大胖子，最多3个平台就好。说得不客气一点儿，能做好3个平台已经很不错了，你还想做3个以上平台，这是不可能的。

最大的流量在各个互联网平台上。比如：抖音、小红书、微博等公域平台。

对于那些只想做一个平台的人，想要寻找多个注水口，我也有一些其他的经验分享。

举一个例子：

我的一个高中同学现在正在做小红书的美妆博主，名字叫一个梨涡××，目前有近10万的粉丝，虽然大部分内容都是美妆和好物分享，但是在她的主页之中，你也可以找到关于她本人价值观的输出，比如作为应届毕业生的她，谈到现阶段的就业情况；又如告诉大学生，怎样运用自己的优势去赚钱，或者是分享自己的生活。这样她不仅能够凭借自己的美妆好物分享吸引许多学习化妆的18~25岁女生关注，而且因为本身就是大学生，谈到就业与生活等方面内容也会吸引更多工薪阶层的用户前来关注。

可以看到她虽然只做了一个平台，但是她在选择美妆这个主打赛道的同时，又分享了其他方面内容，比如大学生如何赚钱等，这些视频的发布让大家产生了共鸣，也有了"我也是""我也遇到过……"等这样的评论，潜台词是看到了她的另一面。

所以说办法多样，你可以多运营几个平台，也可以多选择几个赛道，最重要的是千万不要忘记初心——"我是谁"。

 **小任务**

为自己运营的账号寻找另一个"注水口"，并开通赛道。

2.2.3 游进来的用户只是运营的开始

一个新粉丝对所关注的人新鲜期不会超过3个月，如果在这3个月内没有反复刺激用户，强化其对你的内容认同，甚至将其转化为付费用户，那么该用户就一定会流失。

首先，沉淀用户，放在一个流量池远远不够，必须创造3次以上的触达机会，一方面让主流量池尽快有3次触达目标用户的机会，另一方面想办法让用户与自己有3个以上不同的连接渠道。比如微信私聊一对一、微信群聊多对一、微信朋友圈互动等。

其次，运营新媒体流量，哪里获取流量是关键，最值得关心的只有3点：流量大不大？转化率高不高？得到有效转化的成本高不高？

最大的流量在各个互联网平台上（比如抖音、小红书、微博等公域平台）。如今平台流量多依赖机器分发，只有内容质量符合平台规则才能获得推荐，单纯靠人脉换流量的难度越来越大。

用最低的成本截流平台流量：

你有好内容、平台送流量。

你有好福利、送平台用户。

你有好关系、平台送流量。

你有好产出、平台送流量。

发现好热点、立马蹭热度。

发现流量贱、立马花钱上。

运气到了点，反正就是火。

最后，激活老用户，创造新流量。

当用户有了流量池，要经常进行运营活动，激活你的老用户，让他们跟着参加新活动，为你付费，甚至介绍新的用户加入。

这个动作分为四步：活动—扩散—圈存—服务。

 **小任务**

通过以上四个步骤，盘活自己流量池中的粉丝。

3 精准挖掘你的铁粉

3.1 留住"衣食父母"

3.1.1 让粉丝记住的两个关键

(1) 独特、有趣与创新

粉丝对你一见钟情的密码 = 独特的内容 + 有趣的灵魂 + 创新的互动。

在当今的社交媒体时代,旅游网红的数量越来越多,竞争也越来越激烈。为了在这个领域脱颖而出,需要提供与众不同的旅行内容,让粉丝们感到新鲜、兴奋和愉悦。

独特而有趣的旅行内容意味着不能只是简单地展示风景照片或标准的旅行路线,而应该通过独特的视角和创新的内容形式,将旅行故事变得生动有趣。这可能包括以故事性的方式讲述旅行经历,将粉丝带入你的旅行世界,让粉丝感受到旅行的乐趣和刺激。

创新的互动方式也是吸引粉丝关注和记忆的重要因素。仅仅在社交媒体上发布内容是不够的,需要探索更多的创新的互动方式,与粉丝建立更密切的联系。

可以通过虚拟现实技术带粉丝体验虚拟旅行,或者举办线下旅行模拟游戏等互动活动。这样的互动方式不仅可以为粉丝带来全新的参与感和体验,还能加深他们对你的印象,促进长期互动。

独特的内容、有趣的灵魂、创新的互动让你从被看见到被记住。

 小任务

1. 找一个打动你的账号,分析这个有趣的灵魂通过哪些方面表现出来。
2. 找到一个最能吸引和打动陌生人的故事,并写成脚本进行拍摄。

(2) 情感共鸣与心灵启发

作为旅游网红,你不仅仅是一个内容创作者,更是与粉丝建立联系和互动的桥梁。

贴心的互动和关注意味着你要积极回应粉丝的评论、问题和私信,与他们建立真实而亲密的联系。也要关注粉丝的需求和期待,为他们提供个性化的旅行建议和帮助。这种贴心的互动会让粉丝感受到被重视和关心,建立起一种互相信任和支持的关系。

同时,要关注可持续性旅游和社会责任。

通过在你的旅行内容中传递环保、文化和尊重发展的重要性,能够引导粉丝采取可持续的旅行行为，尊重当地文化，保护自然环境，并支持当地社区的可持续发展。这样的关注不仅让粉丝在旅行中有意识地参与，也体现了作为一个旅游网红的社会责任。

通过分享能引发情感共鸣、带来心灵启发的内容，你能与粉丝建立更深层次的连接。旅行不仅仅是欣赏美景，它也能够触动我们的内心、引发情感共鸣，并带来心灵上的启发和成长。通过分享旅行中的情感体验、人与人之间的相遇和交流，以及旅行对于个人成长和心灵启发的重要性，激发粉丝们对于旅行的思考，并与他们共同追求个人成长和探索的目标。

"日出而作，日落而息"的李子柒，她的田园生活短视频，画面唯美、安逸闲散，让人有种逃离喧嚣的世外桃源之感，她还为海外用户打开了一扇了解中国文化的窗户，视频不需要一个英文单词就能俘获无数海外粉丝的心。截至2021年4月16日，李子柒不仅在新浪微博、抖音上分别坐拥2757万、5488万粉丝，同时还在YouTube上收获了1500万粉丝，比全球影响力最大的媒体之一CNN的粉丝还多出了270万。正如她在央视采访中所说的那样，接下去她要做三件事：一是乡村振兴和共同富裕类内容；二是继续做非物质文化的传承和传播；三是对广大青少年的引导。可以说，这也是我们需要共同关注的，是对于我们的民族都有着深远意义的。

某旅行社推出了"享伴侣"的旅游产品。让"90后"的孩子带领父母一起出去旅行，在旅行过程中，父母可以通过写一封信向孩子们倾诉自己对儿女的爱，而孩子们则可以通过带父母体验自己的兴趣爱好和生活，让父母更了解自己。

 小任务

1. 找一个和你有情感共鸣的视频，并分析感动你的点在哪里。
2. 把上述感动你的点加上自己的故事改写成为脚本，拍摄视频并上传。

3.1.2 服务"1V1"

通过持续的一对一服务，能够更加深入和细致地了解粉丝的需求和喜好。同时，积极回应他们的留言和评论，与他们展开有意义的对话，并倾听他们的意见和建议。这种双向的沟通和互动，使你能够更好地了解粉丝的旅行偏好、兴趣领域和目的地选择。

基于这样的了解，可以为粉丝提供更加个性化和有针对性的旅行内容。根据他们的喜好推荐特定的目的地、景点和活动，提供实用的旅行攻略和技巧。分享自己的旅行经历和故事，以及与粉丝共同探索世界的愿景和价值观。这样的个性化内容将使粉丝们觉得自己被重视和关心，并激发他们的旅行热情和参与度。

"坐看云起时"是一个旅游网红，她深知对粉丝一对一服务的重要性。每当她发布新的旅行视频或照片时，总会有许多粉丝在留言区积极回应，表达对她旅行经历的喜爱和向往。

有一天，"坐看云起时"收到了一封名叫小新的粉丝的私信。小新分享了他的旅行梦想和困惑,希望得到"坐看云起时"的建议和支持。"坐看云起时"深受鼓舞,立刻回复了小新的私信,并详细地解答了他的问题,并分享了自己在类似情况下的经验。

这次私信交流只是一个开始,"坐看云起时"和小新之间的联系逐渐加深。他们开始分享彼此的旅行计划、推荐目的地、交流文化体验,甚至讨论环保旅行和社会责任的重要性。"坐看云起时"为小新提供了个性化的旅行建议,帮助他制定了一次梦想中的旅行路线。

随着时间的推移,"坐看云起时"在社交媒体上组织了一次线上问答活动,小新也参与其中。在这次活动中,他们有了面对面的交流机会,"坐看云起时"回答了他的问题,并与其他粉丝一起分享旅行心得和见解。小新感受到了"坐看云起时"和其他粉丝的热情和支持,他觉得自己像是一个大家庭中的一员。

随着时间的推移,"坐看云起时"的一对一服务让更多的粉丝感受到了她的关怀和支持。她积极回应每一条留言和评论,与粉丝建立了真实而亲密的联系。她不仅关注他们的旅行需求,还积极倾听他们的故事和分享。她帮助粉丝解决问题、提供个性化的建议,并在他们的旅行中给予鼓励和支持。

最终,"坐看云起时"成为许多粉丝心目中的旅行偶像和导师。

可以看到"坐看云起时"的一对一服务,增加了她的粉丝的黏性和忠诚度。所以说展开一对一的服务可以加强你与粉丝之间的联系。

小任务

找一个你的粉丝,对其"1V1"服务。

3.1.3 做到持续输出

做到持续输出有两个关键点,持续和输出。

持续很好理解,就是坚持。也就是每天都要发表新的动态以及高质量的作品,保持在一天发布 2~3 个作品,且在前文提到的三个不同时间段进行发送。

"全球移动"是一名旅游网红,他热爱旅行并希望成为一个受人瞩目的旅行博主。他将自己的旅行经历、美丽的风景、当地文化和有趣的人物都记录下来,与粉丝分享。

起初,他还能做到日更 2~3 个作品,但是慢慢地他开始松懈,变成了一个星期更新 2~3 个作品,逐渐变成每月更新几次,后来变成每季度更新几次,最后不再更新作品了。

后来我去问他没有坚持做下去的原因,他告诉我说,在第一个星期,他信心满满地坚持每天更新,可是大家的点击量很少,也没有多少粉丝关注他,看到其他和他一样开始做视频的人,他们的粉丝越来越多,而他没有,逐渐就没有了之前的激情。

这里我提取了一个点,也涉及一个效应——"视网膜效应",当我们自己拥有一件东西或一项特征时,我们就会比平常人更会注意到别人是否跟我们一样具备这种特征。

所以当"全球移动"去做这件事的时候,他也会去关注到别人有没有和他一样粉丝量在增加还是不变,特别是其他人给他带来打击的时候,他就更加没有激情。

这里就不得不老生常谈,我之前讲过,当你决定要做一名旅游博主的时候,你就必须要热爱它,要有情怀,你才能坚持做下来。

优质作品是持续输出的核心动力和关键支撑。只要提到金庸,我们会想到《神雕侠侣》;提到女明星孙俪,我们会脱口而出《甄嬛传》;提到梵高,就会想到他的《向日葵》……不管是作家、艺人、艺术家还是其他人,被记住的永远是他们的作品。

所以任何时候,输出时都要认真地去打磨自己要发布的作品。

 小任务

持续一个月打卡制作新媒体内容。打卡打钩。

1	2	3	4	5	6	7	8	9	10
11	12	13	14	15	16	17	18	19	20
21	22	23	24	25	26	27	28	29	30

3.2 药到"痛"除:挖掘铁粉

3.2.1 沟通无障碍

在一段感情中,通常感情破裂的原因就是因为没有及时的沟通。由此可见,无障碍沟通是一件多么重要的事情。

沟通的第一步就是要去除用户的"痛点"。这里的"痛点"说的就是了解用户遇到的问题,解决他们的困难。

举个例子:你思考一下人在什么情景之下会感觉到痛?当你生病的时候会不会感觉到痛?痛!对不对,那么要用什么方法解决呢?是不是要去医院看医生?医生诊断出你患什么病症,是不是要给你处方以及药品?那么你是不是要吃药?对吧!经过这一系列过程,你是不是就药到"痛"除。

那么对于粉丝也是,找到粉丝的问题关键所在,解决他们的问题,对症下药。这才是和粉丝的无障碍沟通。

学会无障碍沟通,还要注意以下三点内容:

(1)多样化的沟通方式:提供多种沟通方式,包括文字、口头、视觉、手势、图片和视频等,以便不同人群能够选择适合自己的方式进行交流。这样可以满足不同人的认知、感知和语言能力。

（2）使用简洁明了的语言：避免使用复杂或模糊的语言，尽量使用简单明了、易于理解的语言表达思想。这有助于确保信息的清晰传达，并使更多的人能够理解和参与交流。

（3）尊重个体差异：每个人都有不同的能力和需求。在交流中，要尊重和体谅他人的个体差异，包括听力、视力、语言、认知能力等。鼓励开放和包容的环境，使每个人都能够自由地表达和参与交流。

通过沟通方式的多样性、简洁的语言和个性化对待，你就能和粉丝逐渐建立亲密的联系，最终把粉丝发展成为你的铁粉。

大家也可以思考还有没有其他的方法可以让你们无障碍沟通。

 小任务

1．选择一种方式和你粉丝建立亲密联系。
2．思考出可以让你和粉丝无障碍沟通的方式（至少三点）。

3.2.2 增加用户黏性

增加用户的黏性关键在于建立起与用户的情感连接。这种情感连接不仅可以增加用户的黏性和忠诚度，还能够为旅游网红带来更多的机会和影响力。

当粉丝与网红之间建立了情感连接，他们更有可能成为忠实的铁粉。这种情感连接激发了粉丝的忠诚度，使他们更积极地参与互动、留言和分享。粉丝会对你的旅行经历和建议产生更大的兴趣，并愿意与你进行更深入的交流和互动。

同时，通过与粉丝建立情感连接，他们会更自觉地成为你的品牌传播者。他们会积极地推荐你发布的内容和旅行建议给他们的朋友和家人，通过口碑传播扩大你的影响力。这种口碑传播对于旅游网红来说非常重要，因为它能带来更多的关注和粉丝，进一步扩大你的影响范围。

与粉丝之间建立情感连接对于旅游网红来说至关重要。这种连接不仅能够增加用户的黏性和忠诚度，还能够带来更多的机会和影响力。通过真诚的故事分享、互动回应和精心策划的活动，网红可以与粉丝建立起深厚的情感连接，进而开启更广阔的发展空间和更深层次的互动。

建立情感连接可以促使粉丝更加忠诚和投入，他们愿意持续关注你的内容并积极参与互动。这种互动不仅有助于你提供更有价值的旅游内容，还能够了解粉丝的需求和反馈，从而不断优化自己的创作和服务。

此外，情感连接也为你带来更多的合作机会和商业合作，进一步扩大你的影响力和收益。通过与粉丝的情感连接，你能够增加忠诚的粉丝数量，为自己的旅游事业打下坚实的基础，同时也为粉丝提供了更丰富、有趣且有价值的旅游体验。

3.2.3 打造同频社群

当你发展出铁粉以后，接下来应该考虑怎么留住他们。

首先，你要为粉丝提供一个互动平台，让他们能够交流和互动。可以通过社交媒体、论坛、群聊等方式建立一个共同的社群空间。在这个平台上，你可以定期发布问题、发起投票、分享旅行故事和照片，激发粉丝们的参与和互动。

你也要明白，做这个社群的最终目的是期望大家在交流中共同成长，收获价值与归属感。

其次，你可以创建一些共同的话题，如特定目的地的旅行经历、美食探索、户外冒险等。通过这些话题，粉丝们能够找到彼此的联系，并愿意积极参与讨论和分享自己的经验。

我也见过很多人，在建立这个社群之后却不懂得好好运营，最终的结果是无人交流，最终社群解散。

其实想要解决类似的问题，也有很简单的方法：第一，归属感。要让这些成员进入这个社群之后，会发出我就是属于这个大家庭的感慨，可以通过一些小技巧，比如说在成员入群之后，开展一个小小的破冰活动，让大家都能够认识这个新成员并且接受他。第二，筛选。你要知道，不是所有的人都可以成为你的粉丝，你要留下能够为你创造价值的铁粉。通过价格门槛、互动活跃度、能力适配度及价值观契合度四个方面去对你的粉丝进行相应的筛选，选择最优。

最后，要为社群成员提供一些独家的福利和特权，如早些获得旅行资讯、折扣优惠、限量商品等。这些独家福利能够增加粉丝的归属感和忠诚度，让他们觉得自己是一个特殊的群体。粉丝进入到你的社群，必定想从你这里得到什么，也许是你的产品，也许是想通过你去实现他们的"诗和远方"，所以对于每一个能够进到你的社群里的粉丝，都要给予他们一些福利和特权，让他们产生维护好这个社群的责任感。

要知道，高质量社群就是为有共同的喜好、共同追求、共同价值观的人打造的陪伴式、互动式、互助式的家。

打造属于你自己的同频社群。

4 从公域到私域：情感连接一切

4.1 奔赴热爱，为你而来

4.1.1 展现真实的你

真实这个属性在之前的内容中，我们提到过。可见真实的重要性。

区别于其他浓妆艳抹、衣着华丽的城市网红，旅行博主在直播时一般都是不化妆，不刻意去打扮自己的，绝大部分火起来的博主展现的就是自己日常生活的模样，非常真实。在作品里、在直播时很热情、很活泼，也不怕开玩笑，语言幽默，与网友很是聊得来。

跟着当地人下河捕鱼捞虾，展现乡村生活、山林秀美、土特产制作，内容质朴，拍摄一切和旅行途中有关的事情，这些内容无疑能在网络上获得广泛的关注。在旅途中遇见的人，遇到的事，展现原生态的旅行生活，讲述真实的旅行故事会引发粉丝的好奇和关注。

旅行博主通过镜头向大家展现真实的旅途风景和当地生活，但是能红起来的直播网红多半都情商高、会聊天儿，而拍摄短视频的博主则需要一些美食类、生活类的创意能力。

同频的人最终会会合。无论是以什么样的方式。你们不一定都是同行业，或者同样地产出成果。但是你们一定在内部频度上达到了一种高度的相互辨识度和认同感。相互认可，价值观同频。

高手都有一种神奇的能力，就是对真正同类的感知度，对面的人与自己是不是一个段位，他能感知到。感知到，就会互认。如果没有反应，即便你们表面上有同等财富或者同样的职务，都没有用。距离不是互认的条件，内在的认同感，才是。

4.1.2 表露你的实力

"实力"二字也可以说是你在旅游领域的专业性。

每个新媒体博主所发布的作品都是围绕他的专业性而创作的，比如你是一个美妆博主，那么你发布的80%的内容都与美妆相关。

要怎样做到快速展现你的实力的同时与粉丝达到高度的情感连接呢？

第一，选定赛道。你选择做旅游探险博主，你所发的作品的80%就要围绕你所选择的那个赛道去做，换句话说，就是为自己打造IP。比如如果有过出色的旅行经历、获得过奖项或荣誉，你就将这些成就与粉丝分享。无论是完成了一次极限挑战的旅行，还是获得了旅游行业的认可，这些战绩和荣誉能够证明我的实力和成就。

第二，自我揭露。在适当的时候主动分享一些关于自己的故事和经历。这可以是旅行中的挑战和成长经历，个人的喜好和兴趣，或者一些生活中的小故事。通过自我揭露式地分享个人故事和经历，可以将粉丝带入你的世界，让他们更好地了解你的背景和成长经历。这样的故事可以是与旅行相关的，也可以是与人生、梦想等主题相关的，帮助粉丝与你建立共鸣和连接。

第三，直播。利用直播和视频交流平台，可以与粉丝进行实时互动。这样的交流可以更加真实和亲密，粉丝可以直接看到你在现场的表情、情绪和思考过程，与你进行实时对话，增加了沟通的真实性和亲近感。

世界上大多数人都是有慕强心理的，当你在某个领域展现你的实力的时候，他们就会追随你，选择留下来，进入你的私域。

4.1.3 贡献你的真心

人与人之间要产生情感连接，还是挺讲究缘分的。为什么会特意强调情感连接，因为如果没有情感连接，人与人之间，其实都是浅浅淡淡的关系。我们不会知道对方深刻一点儿的东西，当然也不会对这个人有多深的关注。

生活中有一种现象：水里面放入乙醇变成酒；水里面放入乙酸变成醋。所以，无论我们买的是酒还是醋，本质上买的都是水。也就是说，人和人的关系本质上就是水，因为往里面添加的东西不同，所以就有了不同的关系。

贡献你的真心需要通过有温度的互动。

比如：一个有 497 个人的群，一年可以创收 2000 万元。这正是旅游群一位同学创造的业绩。有温度才去互动，没有温度的那种冷冰冰的互动，还不如不要。因为，冷冰冰的互动，带给客户的只有干扰，而对双方的关系没有任何的加强。曾经有一位 KOL 说："我所有的超级用户我都很熟悉。"这就是高质量有温度的互动的结果。

私域的魅力在于互动。我们可以通过互动成为朋友。这是原来的任何公域的市场所无法想象的。

如果你可以时刻站在用户的角度思考自己的每一个动作，你就会明白什么是有温度的互动。贡献你的真心，进行有温度的互动，才能建立私域的最高境界，情感连接！

小任务

1. 按照以上三步，从你的视频或者你最喜欢的博主的一个视频去分析真心、实力、真实这三个部分。

2. 再从这三点出发，制作一个新的脚本并拍摄发布。

4.2 公域拉新，私域触达

4.2.1 公域拉新

作为一个旅游网红，公域拉新就是运用你线上线下的一切手段把散落在公域中的用户拉进你的私域之中。

每个人采取行动，都是需要一个理由的！特别是想要进入你的私域的用户，这时你就需要给他这个理由。

鱼（人群）→诱饵（需求）→鱼塘（渠道）→撒网（执行）→上钩 = 精准粉丝。

鱼：你需要的目标客户，也就是你的精准流量。

诱饵：了解目标人群的需求，提供有价值的吸引他们的东西。

鱼塘：你的精准粉丝聚集的地方，也就是推广的"渠道"。

撒网：知道怎么做之后，剩下的就是执行了。

上钩：精准粉丝主动添加你为好友。

根据这个公式，再从线上和线下两个渠道入手。

线上：

①强化内容营销：在线上平台上提供有价值的旅游内容，包括创作博客、发布视频、分享照片等，吸引潜在用户的注意力和兴趣。

②社交媒体推广：利用各种社交媒体平台，如微博、微信公众号、抖音等，通过发布精彩内容和与粉丝互动，吸引更多的关注和分享。

③虚拟旅行体验：利用虚拟现实技术或者拍摄的视频等，为粉丝呈现逼真的旅行体验，让他们有身临其境的感受。

线下：

①举办线下见面会：组织粉丝线下见面会，邀请粉丝和潜在用户参加，与他们进行面对面的交流、分享旅行经历，增强亲密感和信任感。

②旅行相伴活动：组织一起旅行的活动，与粉丝一同出行，共同体验旅行的快乐和美好，加深彼此的情感共鸣。

③手写明信片：定期给粉丝寄送手写明信片，表达对他们的感谢和关怀，增加与粉丝之间的亲密度。

小任务

结合线上线下两种手段，尝试一周吸粉 500 个。

4.2.2 私域触达

私域的优势就是可以高效触达！

粉丝愿意进入到你的私域流量池是因为大多数情况下不用付费（部分私域可能需付费加入），并且可以在任意时间、任意频次直接接触到你，信息触达的频率和信息触达的质量相对于公域平台更加紧密，有黏性。

私域触达的重要性在于建立持久稳定的用户关系，并从中获取更多的商业价值。与传统的广告投放相比，私域注重用户参与和互动，可以更好地了解用户需求和兴趣，提供个性化的服务和产品。通过私域产生的效益，品牌或个人可以更好地与粉丝建立情感连接，提高用户的忠诚度和留存率，实现粉丝转化和增长。

对于旅游网红来说，建立私域意味着与粉丝建立直接的沟通渠道，不再依赖第三方平台的算法和规则。通过私域经济，旅游网红可以更好地了解粉丝的需求和偏好，提供更加个性化和精准的旅游内容和服务，进而增加粉丝的黏性和忠诚度。私域经济也为旅游网红提供了更多的商业变现机会，如通过粉丝付费内容、粉丝直播、粉丝活动等方式，实现粉丝价值的最大化。

当涉及私域触达用户时，以下是几个常见的方法：

①微信公众号/小程序：通过创建自己的微信公众号或小程序，与粉丝直接互

动、发布文章、分享旅行经历、开展活动等。

②线上社区：创建一个专属的线上社区平台，让粉丝可以在其中交流、分享旅行经验，增强粉丝的参与度和黏性。

③会员计划：建立会员制度，为粉丝提供特殊的福利和优惠，如独家内容、折扣、早期访问等。

④粉丝合作：与粉丝合作，如邀请粉丝担任特邀嘉宾、旅行助手等角色，让他们参与旅行内容的创作和分享，增强彼此的互动和共同创造的感觉。

私域经济是旅游网红成功的关键，为其提供了与粉丝直接沟通的机会，推动业务的持续发展和成长。

运用以上至少四种方法，让至少10个新粉成为你的铁粉。

5 构建你的专属社交场

5.1 发展新圈子，建立新联系

5.1.1 "新"在哪里

新关系是社交网络中的核心要素。社交网络帮助"节点"间建立了什么关系是社交方向的创业者需要搞明白的问题。

构建新关系：

人人帮助同学和同学建立联系。

微博帮助明星、红人和粉丝建立联系。

陌陌帮助地理位置相近的异性建立联系。

婚恋交友网站帮助可能的结婚对象建立联系。

linkedin 帮助同事、商务关系建立联系。

豆瓣、same 等兴趣社区帮助兴趣相同的人建立联系。

新内容提高了表达的效率。表达是什么？在感到疼痛时我们会放声大哭、感到难过时会向朋友倾诉、感到开心时会分享，这些都是我们与生俱来的一种向外界的表达。而"内容"是表达的结果。

比如博物馆旅行。在2.0阶段，不只做网红，更要做文化的新时代"看门人"，既有专业的素养，也有当代潮流的触达。携程网的报告则显示，故宫博物院依然占据着文化艺术的头把交椅，而神秘的古蜀文化也吸引大批旅游者前往。

新平台，从线上到线下。"要去哪儿玩？""怎么玩？""和谁玩"三大年轻人出游痛点，为年轻人提供出游灵感的同时，搭建内容交流平台，让旅行种草更加有趣，更加有意义。

"打造社交+旅行"模式，不仅如人所愿地为观众提供了"和谁玩、去哪儿玩"的选择，同时，在繁忙高压的工作、生活状态下，为很多年轻人能放松休闲的时间除了周末便所剩无几，提供了"行动出发"的新灵感。

制造新圈子。

5.1.2 信任需要被经营

其实私域连接最大的意义，并不是说解决了多少的问题，而是我们发现原来还有一个说话的地方，而对于我来说，可能就是和很多很多的粉丝，不仅仅是在平台相见、平台留言等，而是在一个更隐秘的空间里，有了更多的情感连接。在某个时刻，在某个时间段，在某个瞬间，我们超越了时空的限制，有了很好的连接。

那么有这个连接的基础就是你与粉丝之间的信任。

有人会说："粉丝已经进入到我的私域中，也是有信任感存在啊，那么还要去建立怎样的信任呢？"

举个例子。你有一个朋友A，你和他认识，也有交流，每次都能相谈甚欢，你的内心对他虽然有基础的信任，但你总是觉得有隔阂，也总有一天会觉得你们两个不会再联系。那么这个隔阂在哪里，虽然有信任，为什么还要建立信任？

因为你们之间的信任只是基础信任，就像泡沫，一戳就破，你需要通过一些方式去加深你们之间的信任，就像是情侣之间的感情，需要经营，需要你了解我，我了解你，最终才会去建立一个新家庭。

我把经营信任的步骤归结为三个方面。

（1）付过费

"一分钱一分货""便宜没好货"等耳熟能详的俗语，用来衡量你买到的商品质量好坏，从某种程度上也可以看出你的粉丝愿意为你付出的程度，也就是对你的信任程度，他们信任你便会毫不犹豫地购买你推荐的产品。

"明星效应"这个词在前几年很火，多用来指明星的带货能力。也无怪乎，现在网络上都说主播的尽头是带货。在我看来，只有购买过你的产品，愿意为你设置的社群门槛付费的粉丝，才是你的铁粉，否则这些没有为你付过费的粉丝，随时都有可能离开你。

但那些为你付过费的粉丝不一样，他们就像得到了一次完美旅游体验的旅游者，在支持你的同时，会不断地购买的你产品，他们的亲身经历在一定程度上也会传播给更多的人，扩大你的辐射力。

当你产生"为什么"的时候，那些为你付过费的粉丝，一定会告诉你："我觉得你超值啊!"

看,付过费,就是粉丝信任的过滤网,成功地为你筛选出你的铁粉,成就他们,也成就你!

(2)亲身经历

除了你的产品的另外一个代言,就是你与粉丝之间的经历。我们在之前讲到过,吸引粉丝进入你的私域的方法之一就是邀请他们一起去旅行。这也是能够增加粉丝信任的步骤之一。

让信任进一步升级的方法就是让你的粉丝接触现实生活中的你,邀请他们进入你生活里最好的方式就是和你一起旅行,在这个过程中能够真真切切地了解你的人品,你的三观,你的产品,变成你的死忠粉。经过这次的旅行,粉丝的心理会从喜欢变成最爱。

我曾在小红书上面刷到过一个博主,她通过陪粉丝共同去完成一件事情而迅速涨粉。在这个过程中,她陪粉丝相过亲,陪粉丝看过日出,为陌生人组乐队……这一系列看似简单的事情的背后,实则是让她迅速爆火的原因——情怀。"情怀"二字是最能触动人心的,特别是她在这个过程中,她传播的正能量,做过的有意义的事。

与粉丝共同的亲身经历,不仅可以帮你避免视频中的纸上谈兵,而且可以在与粉丝的旅游过程中,治愈他们,也治愈你自己。

(3)互助

提升信任的第三步——互助。帮他人一个忙,请他人帮一个忙,是能够进一步加深你与粉丝之间信任的最好方式。

心理学中有一个效应叫作富兰克林效应,指相比那些被你帮助过的人,那些曾经帮助过你的人会更愿意再帮你一次。换句话说,让别人喜欢你的最好方法不是去帮助他们,而是让他们来帮助你。

现代的营销学里的有一个非常经典的案例:

20世纪的美国有一家吸尘器公司的推销冠军,他在退休前一天对其他的员工说:"你们这些笨蛋,推销业务时只会敲开门问:'太太您好!能不能给我三分钟介绍我们公司的一个产品。'每次话还没说完,'啪'的一声就吃了闭门羹。你说你们这不是赤裸裸的骚扰吗?顾客没报警已经是客气的了。"

于是这些员工就好奇地问:"那您是如何向顾客推销的?"

这位退休的老员工回答道:"我会说,'太太您好!我是一个路过的推销员,口渴了。您能不能给我一杯水喝呢?'于是,我走进顾客的家,先观察一下环境。然后在顾客给我准备水的时间里,轻描淡写地说一说自己所推销的'吸尘器'。顾客没有压力,自然就会接话。如此一来,产品推销的成功率可以提百分之八九十。"

其他的员工听了之后如梦初醒,纷纷给这位老员工鼓掌。

这个成功的案例就是运用了富兰克林效应。

在之前，我同样也讲过，要让粉丝在你的社群或者说你的私域中有责任感，当你请每个粉丝帮一个忙，解决一个难题的时候，这时你一个小小的夸赞不仅会让他们有集体荣誉感，而且也会增加他们的个人成就感，让你们之间的关系、之间的信任值达到顶峰。

小任务

1. 找到你曾经付过费的博主，分析能够让你付费的信任点有哪几个方面。
2. 找一个愿意为你付费的粉丝，分析愿意为你付费的原因有哪些。

5.1.3 保持联系的频率

经过筛选后，进入你的私域——新平台中的粉丝，一定与你建立了一种特殊的关系——挚友。他们渴望与你交流，与你互动，在这个过程中，他们才会感觉到被你关注，被你尊重，被你信任。也许只是互动中随口叫出他们名字的这个小小的举动，也能让粉丝增强对你的忠诚度。

保持相应的频率就是不断提升你与粉丝之间信任的加速器。

希望下面几个方法可以帮到你：

（1）经常给粉丝发送个性化邮件：根据他们的兴趣和需求，定期发送专属的电子邮件，分享旅行建议、特别优惠和活动通知，让他们感到特别受关注。

（2）举办会员专属活动：为私域粉丝提供独特的特权和福利，比如会员专属折扣、提前预订权等，并定期组织专属的线上或线下活动，让他们感受到与你的互动和亲密关系。

（3）提供独家内容：为私域粉丝提供独家的内容，如精品文章、视频、指南等，让他们感到特别，享受与其他粉丝不同的待遇，进一步拉近与他们的关系。

（4）组织线下见面会：定期组织线下见面会，邀请私域粉丝参加，与他们面对面交流，分享旅行经验，建立更亲密的联系。

不管是建立新关系、发展信任感，还是高频联系，都是要构建你的专属社交场所。在这个社交场所中，你的粉丝都是你的优质用户，他们会帮助你，无偿地、自发地发动身边的亲朋好友宣传你的新产品。

小任务

选择3个自己的粉丝，与其长期联系并保持一个月。

5.2 一定要避免无效社交

5.2.1 不要讲"废话"

现在网络上流行着一句话"杜绝无效社交"，那么究竟什么是无效社交呢？下面这个场景也许算一个代表：在一个聚会上，跟一群说不上熟悉甚至记不清对方姓啥的人交流，你恭维我混得好，我恭维你身体棒，互相絮絮叨叨地交换着"你累我累生活不易"之类的观点，从开始吃饭、假笑到聚会结束……虽然交换了联系方式，但是一年之后看着通讯录上的名字恐怕想不起来这是谁。

所以，在有目的性的社交活动中，一定要避免"废话"。就像之前教给大家的那样，带上自己特定的标签，独一无二的标签，从而让大家记得你。

另外，无效社交的真正目的就是利益交换。铁粉们追随你的原因之一可能是因为你能够提供有用的旅游信息。在与他们互动时，尽量提供实用的建议、分享旅行经验或推荐有趣的目的地，这样可以确保你的话题内容丰富、有深度，不会显得空洞或无聊。而且要时刻保持对铁粉需求的敏感性，了解他们感兴趣的话题和问题。定期进行调查或提问，以了解他们的期望和喜好，并努力满足他们的需求，提供更有针对性的内容和回复。

5.2.2 肢体语言

酒店服务中有这样一句话：主动微笑问候、拓展延伸服务、最后的祝福是成功赢得顾客青睐的三要素。俗话说：伸手不打笑脸人。可见，神态、肢体、语言在社交上是很重要的三个方面。

所以我建议你可以这样做：

①在视频开头和结尾，展示自己的亲切微笑和热情问候，这将给粉丝留下深刻的第一印象和最后的印象。

②与粉丝有直接的眼神接触，让他们感觉你正在与他们亲密交流。避免频繁看向其他地方，保持与摄像头的连接。

③保持自然、放松的姿势，避免过于僵硬或不自然的动作。让自己的肢体语言流畅而自然，展现亲近和舒适感。

④适度运用手势和面部表情来丰富视频内容和表达情感。这将帮助吸引粉丝的注意力，让他们更加投入到你的话题和讲述中。

⑤通过语调的变化和声音的抑扬顿挫，给视频带来更多的情感和吸引力。让声音显得更加生动和有趣，让粉丝感受到你的情感投入。

掌握这几点，你会更容易受到粉丝青睐。你想想，为什么幼儿园的老师说话都是抑扬顿挫的？如果放在日常生活的交流中，大家肯定会觉得很奇怪，但是单独针对小朋友这个群体，他们就非常喜欢，并且不觉得奇怪。同时，她们在交流时的神态、动作等是不是也让人心生好感。你做到这个层面了，你才会做好你的视频。

5.2.3 去营销性

说到底，做网红最后的目的也是要将流量变现，实现盈利。有些网红博主不能把自己的产品变现就是因为太有营销性，粉丝刚进入你的私域，就开始推给她一大堆产品让他们购买。谁会愿意为别人无缘无故地花钱呢？

作为一个旅游网红，你要让别人心甘情愿地为你花钱！这才是王道！所以要去营销性!

去营销性也不是说你不推销，而是学会正确引导粉丝消费。

当你推荐某个产品或服务时，重点强调其特点、优势和价值，而不仅仅是宣传。说明该产品如何满足粉丝的需求，为他们提供实际的好处。如果粉丝购买了你推荐的产品或服务，鼓励他们分享购买体验。这种口碑传播将增加其他粉丝的兴趣，但要确保粉丝是出于自愿分享，而不是强制或激励。当粉丝提出购买相关产品的问题时，给予客观、有用的建议和指导。提供比较、选择和评估的指南，让粉丝作出明智的购买决策。

学会引导而非营销。

立足以上 3 点，制作脚本并拍摄视频。

6 成交源自爱

6.1 真诚才是必杀技

我们永远容易被真诚打动，产生共情，即使知道那是营销，也愿意为它买单，甘之如饴。这是基于人性底层的部分，我们每个人都喜欢被真诚地对待，感受那份善良的美好。

6.1.1 真诚地交流，才能让人感到舒适

真诚的交流是一种倾听和表达的艺术。它不仅仅是简单地传达信息，而是通过真实的情感和思想交流，创造出一种深层次的连接。当我们以真诚的态度倾听他人，我们给予他们关注和尊重的礼物。我们关注他们的需求、梦想和困惑，真心关心他们的感受。通过倾听，我们能够理解他人的痛苦和喜悦，与他们建立起共鸣和共同体验。

真诚的交流带来的是一种舒适和放松的氛围。在这种交流中，我们不再需要隐藏自己或担心被误解。我们可以敞开心扉，坦诚地面对彼此，因为我们知道对方也在以同样的方式对待我们。这种真诚的交流让我们感到宽慰和接纳，使我们能够真正地展现自己。

例如，定期阅读并回复粉丝在社交媒体平台或视频评论中的留言。用真诚的语言回应他们的问题、评论或反馈，并表达对他们的感激和关注。例如，当粉丝评论你的旅行视频时，你可以回复："非常感谢你的留言！我很高兴听到你对我的旅行经历感兴趣。如果你有任何问题或需要更多信息，请随时告诉我。"

在与粉丝的交流中，不仅仅是回答问题，还要主动进行互动和了解他们。例如，你可以在视频中提出问题，鼓励粉丝在评论中分享他们的经历或意见。然后，你可以回复他们的评论并表达对他们的认可和感谢。这种互动和了解的过程，使你与粉丝之间的关系更加亲密。

6.1.2 真诚的态度，才能打动人心

用真诚的态度，才能打动人心。真诚是一种温暖的力量，它能穿透冷漠和虚伪，触动人们内心最柔软的地方。在这个忙碌喧嚣的世界中，我们常常被表面的光鲜所迷惑，却渴望着真实和温暖。真诚的态度，如同一泓清泉，让人沐浴其中，感受到心灵的净化和舒适。

特别是当我们自己去旅行时，真诚是你最强大的武器。与陌生人交谈，分享彼此的旅行故事和见解。与当地居民相处，尊重他们的文化和传统。用心体验每个目的地的独特之处，并用真实的文字和照片记录下来。不追求炫耀和虚假的赞美，而是用真诚的眼光去感受和传达旅行的意义。

真诚的态度，是一种珍贵的财富。它能让我们与他人建立起深厚的情感纽带，打动人心，唤起共鸣。当我们用真诚的眼光去看待世界，用真诚的心灵去对待他人，我们将收获更多的爱和尊重。因为真诚无处不在，它让我们的人生更加充实和有意义。

6.1.3 做一个真诚的人，去赢得信赖

与粉丝的互动交流中要凸显真诚，你看董洁在小红书的直播为什么这么成功？口碑为什么那么好？也是因为她的真诚！

保持真实是真诚的一部分。在你发布的内容和与粉丝交流中保持真实性是最重要的。不要试图伪装自己或刻意展现一个虚假的形象。真诚地展示你的个性、情感和经历，让粉丝能够真正了解你的真实面貌。

坦诚地处理失误也是真诚的一部分。如果犯了错误或者出现了意外情况，不要掩饰或回避，而是勇敢地面对并坦诚地承认。粉丝会欣赏你的诚实和勇气，并更加信任你。

另外，你也要坚持自己的价值观和道德准则。在你的行为和言论中坚持自己的价值观和道德准则。以正直、诚实和善良为准绳，不做违背良知的事情。这样的坚守将赢得粉丝的尊重和信赖。

最终，粉丝会更愿意为你买单！

 小任务

以真诚的态度与100名铁粉交流并让其为你的产品买单，时限为一个月。

6.2 成交有爱,动力无限

成交有爱,动力无限。在营销领域,这句话传递了一种重要的理念:通过关怀和关爱客户,我们可以激发无限的动力和潜力,实现更大的商业成功。在现代营销中,营销活动不再只是单纯地推销产品或服务,而是建立起亲密的关系和持久的信任。

在营销中,成交有爱意味着将客户的需求和利益置于首位。我们要真正关心客户,了解他们的需求和痛点,以提供更有价值的解决方案。通过与客户的互动和沟通,我们可以建立起更深入的关系,让他们感受到我们对他们的关怀和尊重。

当我们将关爱和关怀融入营销活动中,我们会发现动力无限。这种动力源于客户的满意和忠诚,以及他们对我们品牌的推荐和口碑传播。客户在感受到真诚和关怀的同时,也会更愿意与我们建立长期的合作关系,并成为我们的品牌忠实的倡导者。

在营销时,我们可以通过以下方式体现成交有爱,动力无限的理念:

首先,我们要以客户为中心,真正了解他们的需求、价值观和偏好。通过市场调研和分析,我们可以更好地定位目标客户,并根据他们的需求开发出切实有效的营销策略和方案。

其次,我们要注重与客户的互动和沟通。积极倾听客户的声音,回应他们的关切和反馈。这种互动可以通过社交媒体、在线论坛、客户反馈调查等方式进行,以建立起真实而密切的联系。

再次,我们要提供优质的产品和服务。通过持续的创新和改进,我们可以满足客户不断变化的需求,并提供卓越的用户体验。这样的努力将赢得客户的信任和赞誉,进而激发更大的动力和成交。

最后,我们要践行社会责任。在营销活动中关注社会问题,积极参与公益事业,传递正能量。这样的做法将树立起品牌的良好形象,吸引更多关注和支持。

成交有爱,动力无限。在营销中,真诚和关怀是成功的关键。当我们将客户的利益和关注放在首位时,我们将获得客户的信任,同时也激发出无限的动力和潜力。这种理念不仅在营销中有效,也在人际关系和社会交往中起到积极的影响。让我们以真诚和关爱的态度去实现成交有爱,动力无限的营销之道。

小任务

让 80% 的粉丝愿意为你的产品付费。

从 0 到 1 成为旅游网络红人

第六章

旅游博主必知的穿搭拍摄干货技巧

● 导语

想要在旅行中留下绝美身影，成为镜头前的焦点吗？本章将为你揭秘时尚旅游博主的穿搭与拍摄秘籍！从常见旅游场景的 OOTD（今日穿搭）指南，到行李箱的巧妙整理术，再到那些让你秒变 ins 博主的拍照姿势，这里有你需要的一切干货。跟随我们的指导，让你的每一次旅行都充满时尚感与大片范儿，轻松吸引无数羡慕的目光！别等了，快来开启你的旅游博主穿搭拍摄进阶之旅吧！

1 常见旅游场景 OOTD

OOTD 是"Outfit of The Day"的首字母缩写，中文翻译过来就是"今日穿搭"的意思。这个词最开始是来自 Instagram，后来在国内开始流行开来，尤其是在小红书上，成了各种时尚博主最爱用的标签之一！

1.1 海边

去海边是大部分生活在内陆孩子的梦想，所以去看海也是旅游博主必须打卡的一个地点。下面的九宫格就是旅拍博主到海边度假的潮拍照片以及拍照姿势。

海边 OOTD 可以选择与海洋颜色相近的衣服，就如图中的博主身穿白色上衣搭一条与大海相近颜色的裙子，或者你也可以穿着白色纱裙到沙滩上去拍摄夕阳或者日出等。

·穿搭旅拍·印度尼西亚·巴厘岛

1.2 沙漠

·穿搭旅拍·鄂尔多斯沙漠度假村

沙漠中的 OOTD 其实也很简单，戴着黑色墨镜，穿白色露腿短裙，再搭一双沙漠靴，与沙漠的颜色相呼应，随着风向摆几个相应的姿势就可以完美地展现你的沙漠之旅。当然，不仅仅是这些，万能大红裙也是必备穿搭之一，你可以想象，身穿一袭大红裙，迎着沙漠里的风，红裙子的舞动和张扬，让你自带故事感和氛围感。注意，在沙漠中一定要做好防晒。

1.3 古风

·穿搭旅拍·国风汉服游园会

汉服是现在热门的穿搭，不仅仅是在一些古城小巷，大都市也有了汉服的身影。在上面图里，不管是雍容华贵的唐制汉服，还是小巧灵动的齐胸襦裙等都能凸显中华文化的博大精深。

1.4 城市

·穿搭旅拍·杭州茶园

春日 OOTD 也是多种多样，就比如上述的九宫格中，扑面而来的清新，好似能闻到茶园嫩叶的芬芳。作为一个旅游博主最重要的是你能够在环境中，通过穿搭成为亮眼的存在，当然也要符合当下的场景氛围，要激起粉丝去这个地方游玩的欲望。

2 整理你的行李箱

2.1 整理着装

当你准备去旅行时，你是不是都会收拾满满一箱子衣服，在旅途中又重又累，带出去的一些衣服，却因为临时原因没穿，这时候你就会埋怨自己带这么多衣服干什么。如果你有这样的困扰，看看下面的几个建议：

考虑目的地和活动：考虑将要前往的目的地和计划参加的活动。如果是去海滨度假，就带上几套轻松、舒适的沙滩装。如果是城市探索，就选择时尚而实用的衣物，适合漫步于城市的街头。

基础单品搭配：我会选择一些基础的服装单品，如牛仔裤、T 恤、衬衫和裙子，这些单品搭配起来可以创造出不同的风格。同时，我会选择一些经典的配饰，如围巾、帽子和太阳镜，来提升整体的时尚感。

多功能衣物：为了减少行李的重量，选择一些多功能的衣物，如可变换式连衣裙、可折叠的外套等。这样的衣物可以在不同场合中灵活穿搭，同时也节省了空间。

考虑气候和季节：根据目的地的气候和季节，带上相应的服装，如夏季的轻薄衣物、冬季的保暖衣物等。同时，要关注天气预报，以便随时调整着装计划。

舒适度优先：无论如何，要以舒适度为优先考虑因素。选择柔软、透气的面料，确保长时间穿着也感到舒适。此外，选择适合长时间行走的鞋子，以便在探索目的地时保持舒适。

整理行李箱中的着装需要一定的计划和灵活性。关注目的地、活动、气候和舒适度，选择合适的服装单品和配饰，可以在旅途中展现出独特的风格和魅力，与粉丝分享美好的旅行体验。

列一份需要整理进行李箱的物品清单。

2.2 收纳小技巧

收纳也是整理行李箱的一个重要环节，它可以避免你丢三落四，打开行李箱时衣服全散落出来的尴尬场面。

首先，将不同类型的物品分别放入不同的行李袋中，如衣物、内衣、鞋子、洗漱用品等。这样可以更方便地找到需要的物品，并且保持行李箱的整洁。

其次，运用衣物折叠技巧，将衣物整齐地叠放在行李箱中，以节省空间并避免皱褶。例如，将衣物卷起来，或者使用专业的折叠板将它们折叠成紧凑的形状。网上也有很多教大家如何去折叠衣服以及归置物品的小技巧，使行李箱空间利用最大化。

另外，可以将小物件，如配饰、电子设备的充电线、化妆品等，放入小袋子或袜子中，然后放入行李箱的侧袋或内部隔层。这样可以避免它们在行李箱中散落，同时也更容易找到和取出。

最后，按照需要频繁使用的物品或衣物的顺序进行分层收纳。将需要立即使用的物品放在较为容易取出的位置，而将不常使用的物品放在底层的位置。

当然，也要记得在行李箱上使用标签或贴纸标记，以识别自己的行李。这样可以避免行李被弄混或错取，也方便快速找到自己的行李。

2.3 巨好用的拍摄装备

2.3.1 手机

刚进入旅游博主这个行业，作为一个新人，还没有足够的金钱去支撑你买一个很好的设备去拍摄，所以最好的选择就是你的手机以及手机里面的 App。

想要手机拍摄能够出片的，比较推荐苹果系列的手机。但是如果你使用的不是苹果手机，可以借助一些手机拍照 App，比如轻颜、醒图、黄油相机等。特别是在轻颜相机里面，选择原相机，再点下面的风格，就可以选择任意一个手机拍摄模式，也能模拟苹果 XR 的拍摄效果。下面的几个拍照 App 可以供大家参考，选择适合自己的一款。

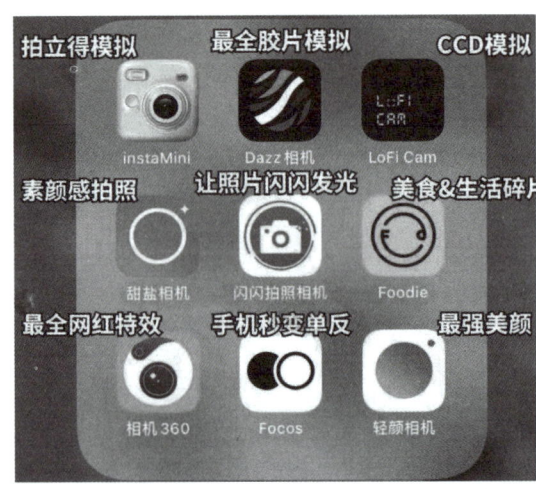

 小任务

试用后选择一款自己常用的摄影 App。

2.3.2 收音设备

在户外进行视频拍摄，既要露出人像也要拍摄场景，不可避免要离手机或者其他拍摄设备很远，这个时候就要借助一些收音设备，在这里，也不多推荐，只推荐一个设备，那就是塞宾智麦。这款收音设备是大多数旅游博主推荐使用的设备，体积小巧，携带方便，不仅可以单独使用，还可以连接相机使用。可以直接在购物平台搜索，价格也不是很高，是新手入门使用的一款。

 小任务

安装试用塞宾智麦。

2.3.3 其他设备

设备	作用
手持稳定器	手持稳定器可以帮助消除拍摄时的抖动，拍摄出更稳定流畅的视频。有各种类型的手持稳定器可供选择，包括三轴稳定器、云台等
三脚架	三脚架是稳定相机和拍摄设备的重要工具。它可以确保拍摄稳定性，使画面更清晰，也有助于进行自拍或定格拍摄
反光板	反光板是在太阳光弱或者背光的角度下进行拍摄的工具
照明设备	在某些情况下，自然光可能不足以获得理想的拍摄效果。使用便携式 LED 灯、闪光灯或环形灯可以提供额外的照明，确保拍摄的主体清晰明亮

续表

设备	作用
存储卡和备用电池	随身携带足够的存储卡和备用电池是必要的,这样可以确保在拍摄过程中不会因为存储空间不够或电池不足而中断
拍摄配件	带上一些有用的拍摄配件,如遥控器、滤镜、防水壳等。这些配件可以增加拍摄的创意性和多样性
随身 Wi-Fi	旅游博主常常要在户外拍摄,会有网速差或者没网的情况,携带随身 Wi-Fi 就是为了避免出现这些情况,也有助于直播时网速流畅

3 出行必备的 ins 博主拍照姿势

3.1 你还只会摆剪刀手吗

作为新手博主,面对镜头时总会有一些镜头恐惧症,而且在拍照的时候,会不知道摆什么姿势,那么这里就为大家整理了一些实用的拍照姿势大全。

3.1.1 仰拍

·穿搭旅拍·乌兰哈达火山地质公园

在这几张照片中,选择采用的是仰拍视角,从下至上的拍摄角度,使画面具有很强的空间立体感和视觉冲击力。也能够让混乱的背景变得简洁,人物等主体更加突出。仰拍常常用于人像、建筑、风光等需要表达宏伟壮观场景的拍摄。

借鉴图片中的姿势，比如你可以采用直视镜头、蹲下拍摄、手扶帽子等不同的姿势，将人物主体置于画面中心区域。在用手机拍摄时建议大家利用手机里的参考线功能，这样更能够去把握构图。

 小任务

模拟进行仰拍。

3.1.2 远摄

远摄主要是为了突出人物身后的景色，使人物与场景更加匹配，远摄也更加适合多人拍摄。如果是想要拍大型合照就可以选择远摄这个角度。

大家可以统一摆一个姿势，比如现在流行的奥特曼姿势。也可以选择抓拍，在嬉戏的某一个瞬间进行拍摄，当然也能够每个人都有不同的手势。上图是旅游时，常见的拍摄姿势，大家可以参考一下。

 小任务

模拟进行远摄。

3.1.3 平拍

·拍照姿势·中卫66号网红公路

平拍,即平视拍摄,是指拍摄时镜头的位置与被摄主体的位置水平,从而形成一种平视的拍摄角度,也是日常生活中最常见的视角。平视拍摄的画面,被摄主体不易发生变形,给人一种自然、稳定、均衡、平等、和谐的感觉。

因为平视拍摄的画面与平时人眼的视觉习惯最相似,在拍摄人像时镜头基本在肩膀或脸的高度,因此常用于肖像摄影和纪实摄影。平拍是我们平时最常用的拍摄视角,其拍摄出的人像、树木、建筑形态更接近真实视觉效果,但它的缺点是比较呆板,画面中主体不够突出,因此在拍摄时要注意将要表现的拍摄主体放在引人注目的位置。

就如上图,主要借助的工具是汽车以及公路场景。可以靠着车辆拍,也可以坐在车里拍,这是借助辅助工具拍摄。另外就是站在公路上,把人放在参考线的最下面宫格中的正中心,这样更能够凸显背后的场景。

 小任务

模拟进行平拍。

3.1.4 不露脸拍照

（1）脖子以下做背景。

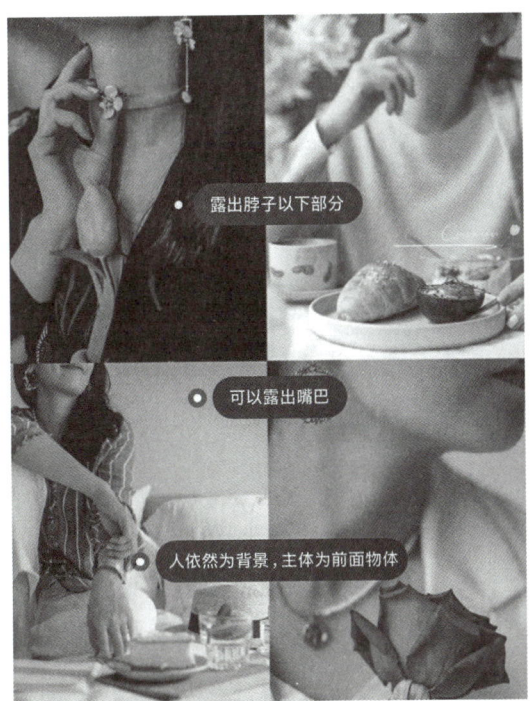

用脖子以下身体大面积做背景，完全不露脸
适用：拍美食，鲜花

（2）露部分脸，如侧脸。

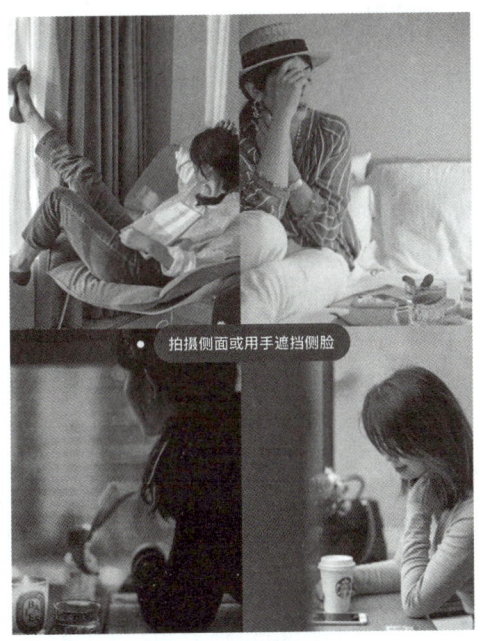

露出部分脸，多为侧脸，拍摄侧脸时下巴略微往前伸，可显得下巴轮廓更加清晰

（3）部分身体为前景。

以部分身体为前景（多为肩膀），侧脸，头发的轮廓
适用：美食

（4）只拍摄手入镜。

只拍摄手入镜，大多为特写，捧花，拿书
适用：具有故事感的美食探店

（5）用书或报纸等遮住头部。

用书、报纸、帽子等完全遮住头部

适用：美食探店或者个人写真，氛围感极佳

小任务

模拟进行不露脸拍摄。

3.1.5 其他

小任务

模拟进行各种拍摄方式。

3.2 万能拍照技巧大揭秘

构图是一个博主必须学会的拍摄技巧。以拍摄美食为例，对比下面三张照片不难发现，前两张照片是没有进行构图随意拍摄的，可以看到背景显得杂乱无章，但是后面一张照片，很好地找到了拍摄主体，突出食物的质感与细节，又让整张照片看起来显得简洁明亮。

下面讲到几个比较常见的构图技巧。

（1）中心构图。中心构图是将主体放在画面中心构图，也是比较保险和常用的构图方法。这种方式的优点是能突出主体、明确，而且能够找到画面平衡点。就像下面的第三张图片就是食物在中间，背景进行虚化处理。

（2）三分法。将拍摄画面横竖各分三等分，形成九宫格，在这个九宫格中的一些交叉点，一般是最能够出片的构图点，所以一般为凸显主体，会把人物放在这个位置进行拍摄。这也是三分法的基本原则。

（3）水平线构图。水平伸展的直线，可以让画面看起来显得比较宽阔、稳定、和谐。比如地平线和水平面，将两个空间分隔开，给人更多的想象空间。拍摄雪山的那组图片能够很好地诠释什么是水平线构图。那么，水平线居于什么位置才是好的呢？这也要看情况。比如你想让画面和谐，可以选择1/3的视觉兴趣线。如果天空中的云比较艳丽，你可以多拍天空，如果云的颜色单调，想突出地上的景物，就多拍地面。

构图技巧有十几种，我只是简单介绍了三种方法，除此之外，还有对称式构图、框架式构图、曲线构图等，大家可以自己学习。

用美食摄影，进行构图技巧练习。

3.3 滤镜参数

在拍摄外景时，也会有天气或者光线不好的情况，这时候就需要学会调手机里面的拍摄参数，在不同的场景之中拍摄也能够出大片。以下是几个拍摄参数推荐，仅供大家参考。

浪漫日落滤镜

滤镜：ABG +90　叠加　绿妍 +31
光感：-84　　亮度：+70　　对比度：+9
锐化：+13　　高光：-41　　色温：+28
色调：+11　　HSL红色：0,31,0
HS橘色：0,39,0

复古蓝调滤镜

滤镜：静谧蓝 +74　叠加　东京 +100
光感：+27　　对比度：+5　　纹理：+17
锐化：+23　　结构：+21　　色温：-5
色调：+2

温柔街景滤镜

滤镜：迈阿密 +100
光感：+16　　亮度：-5　　对比度：+10
锐化：+8　　结构：+28　　色温：+13
色调：+18　　褪色：+19

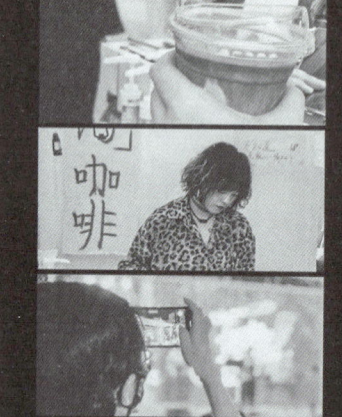

日杂胶片滤镜

滤镜：CT3 +55　叠加　KCP2 +63
亮度：-10　　对比度：+13　　锐化：+26
阴影：+12　　色温：-25　　褪色：+15
HSL肤色：0, -9,, 19

第六章 / 旅游博主必知的穿搭拍摄干货技巧

滤镜：古巴 +70　叠加 C50D +57
对比度：+20　饱和度：-21　锐化：+39
结构：+46　高光：-10　阴影：+15
色温：-8　色调：-10　颗粒：+10
褪色：+26　智能优化：ON

滤镜：丹宁 +76　叠加 X5 +74
光感：-26　对比度：+13　锐化：+13
色温：-10　色调：+4　褪色：+28

 小任务

练习使用滤镜。

从 0 到 1 成为旅游网络红人

第七章

九大网络红人背后的故事

城市形象代言者——小黑诸鸣

个人素描

1977年11月出生的他,原本攻读建筑机械专业,自考大学法律专业,第一份工作是烧窑,据说曾经还当过兵、开过饭店,成长的道路充满了坎坷,这个充满"混搭跨界风"的男子叫诸鸣。在"旅游江湖"上,由于他在杭州工作,皮肤黝黑,故而大家戏称他为"杭州小黑"(现账号名称为:小黑诸鸣)。

他在工作中认真负责,在为旅游者讲解时专注于文化的传播,故被评为"全国优秀导游",还曾获得浙江省导游大赛第一名、杭州市三届金牌导游,浙江省著名导游,杭州市终身金牌导游等荣誉称号。

他不仅是文化的传递者,也是城市形象的代言人。他还拥有浙江省旅游行业带头人、国家导游技术技能大师等头衔,也是国家旅游局"名导进课堂"的首批讲师。

除此之外,他还拥有一个"诸鸣工作室",致力于为旅游行业培养精英导游,并帮助年轻导游们坚持自己的职业梦想。

透彻:生活的一剂良药

生活那么苦,总要有点儿甜来进行调和。在诸鸣助理的眼中,诸鸣本人就是一个很幽默的人,短视频中所体现的诙谐有趣、亲切热情的"杭州小黑",就是他最真实的样子,他每天都是乐呵呵的,感觉好像没有什么事情能够让他发愁;在旅游者和网友的眼中,"杭州小黑"的形象就是经常戴着一副眼镜,身着素色短袖唐装,面庞黝黑,侃侃而谈,时而一本正经,时而活泼俏皮,话语风趣幽默;他的抖音视频也常常引得网友哈哈大笑,如他讲刘备和曹操的时候,以潘长江的"妹妹面前一条弯弯的河"这种诙谐的方式予以呈现。他在抖音上还有个专门讲他带团时遇到的一些特别搞笑离谱的事件——"围炉废话"。

除了"围炉废话"之外，他还在抖音中分享了许多景点讲解的片段，印象最深的便是他对于西游记中唐僧四人的解读，他说："所有的孩子在出生的时候都在哭，不哭就出事了；所有的老人死的时候也都是一口气叹出去，人生太苦了，因此我们要寻求光明，正因为这个世界不完美，所以我们一步步走向正道，找寻自己内心的希望。真正的佛教传达的是内心的美好，内心的一丝希望，内心的一丝宁静，让我们从中找到真正的自己，师徒四人西天取经，师徒四人分别代表了人生中的四个境界，猪八戒代表着你人性当中的贪婪，猪八戒分西瓜，你一半我一半，最后自己全吃了，但是唐僧从来不怪他，相反唐僧很喜欢猪八戒，因为猪八戒是他内心的一种写照；孙悟空代表的是愤怒，代表的是嗔，我们对于社会上的一些恶势力，对于一些丑恶的现象我们的内心十分愤恨，但是这种情绪是不是对的呢，这种情绪其实是需要控制的，所以孙悟空头上要戴一个紧箍咒，因为没有节制的愤怒是很可怕的，会摧毁一切。我们可以愤怒，可以向前，可以斗争，但一定要有所束缚，要不然这个世界就是地狱，这就是孙悟空为什么既能上天堂也能下地狱的原因；沙和尚代表的是执着，整部《西游记》，沙和尚的台词大多是几句话'大师兄说得对啊''大师兄，师傅被妖怪抓走了''二师兄，师父被妖怪抓走了'等，执着在一定界限内，也是好事，能够激励你向前，但是要是你过分追求了，你就会深陷泥潭无法自拔；唐三藏的错是什么，唐三藏错的是爱，扫地恐伤蝼蚁命，灯罩纱笼惜飞蛾，唐三藏的爱可能对于很多人来说是一种负担，所以唐三藏的爱未必都是对的，你要把这些人都放下，才能找到自己，明白自己这辈子究竟追求的是什么。师徒四人一心求取真经，其实寻找的是自己内心真正想要的道理。"从中，我们就可以看出"杭州小黑"的透彻，在讲解中参透了许多人生的真谛。

真实：生命的无数烟火

他的视频基本是实录，不做脚本、不写文案，甚至连美颜都没开，生活中怎么样就怎么拍。这几年，除了穿的衣服光鲜了些，也没什么其他变化，力求记录真实的状态。

除了他的形象之外，"杭州小黑"很多讲解的素材也是从我们生活中进行摘取的，其实从他讲宁波天一阁中的麻将博物馆中，你就可以感受一二。"近代麻将的发明人据说是宁波的一位渔民，姓陈。一是麻将中有万字，代表的就是一年出去能有多少的收获，比如一万、两万、三万等；二是索子，代表着船上的绳索，能拉多少东西回家；三是筒子，你要带多少桶淡水出去，带多少桶鱼回来；四是东南西北风，这些是渔民最看中的、在打鱼过程中最重要的就是风向要掌握好；五是红中，出海的时候有时会搭上进京赶考的读书人，由于他希望能够高中，所以叫红中；六是发财，所有捕鱼人的目标只有一个就是发财；七是白板，空仓而去，满仓而回；剩下的就是搭子，也就是春夏秋冬、梅兰竹菊，那是一年四季当中非常重要的口条。而参加麻将比赛的国际赛事，我们国家其实经常是输的，原因在于打麻将最厉害的现在是日本人和英国人,所以在旁边放的是日本人和英国人雕像,去看历年的比赛赛事可以发现我国在麻将比赛中取得最好的成绩也才第八名。"他没有像往常的导游一样,讲麻将的渊源,而是以渔民入手,将讲解联系生活,联系现实,通过这些跟生活息息相关的事情,吸引旅游者们还有网友们的注意力。

还有他讲退役军人优待这件事情,号召大家旅游的时候尽可能使用自己的这项权利,说这既是代表国家和政府对于军人身份的认可,也能够在遇到危急事件帮助到他人,所谓"退役不褪色"。这也是由于他本人就是一名退役军人,所以他能够感同身受,故而能够讲得格外深入人心。

很多时候,展现真实、贴近生活更能够打动网友们的心,拉近与网友的距离。

文化:导游讲解的灵魂

"杭州小黑"说:"导游既是城市的'活名片',也是温度的'传递者'。湖光山色、风土人情,旅游者只要来了就能感受到。而城市沉淀下来的深厚历史文化,绝不是冰冷的介绍文字和视频就可以概括的。只有通过面对面有针对性地讲解,才能够让国内外旅游者全方位了解、热爱这座城市。从某种意义上来说,这也是一种历史与文化的传承。"传统文化需要大家一起保护,从他发布的抖音短视频中我们会发现,他的每一次讲解都将文化蕴含在其中,无论是曲阜孔庙、花山岩画,还是单单温州文化,经过他的讲述,就感到活灵活现,让我们感觉这些文化距离我们也并不是很遥远。

他说:"当我拿着旗的时候,所有人都叫诸导。我这个诸导跟张艺谋的张导没什么区别,他导的是一出戏,我导的是一个团。"在诸鸣看来,当在旅游大巴车上拿起话筒时,他就是一个演说家;到景区里边讲解边表演,他又是一个表演艺术家,而无论是演说家,还是表演艺术家,他都将那些可能比较晦涩的文化知识讲得栩栩如生,生动鲜活,这就是导游讲解的独特魅力所在!

坚守:行业发展的法宝

"杭州小黑"深耕导游这一行,不像绝大部分同行,干几年就不干了。

他在那些景点一遍遍游历,一遍遍讲解,因而对那些景点的文旅内容十分熟悉,信手拈来,但他总是觉得自己讲解的知识也不算严谨,由于粉丝们的参照物是其他导游,不会像对一个大学教授那样,苛求他文史知识的准确性,更多的只是了解当地景区的大概情况。

他说:"我经历过太多的事情,在我们这个行业里比我年长的人很多,但是能一直坚持干导游的却很少。"人们听说过30年的演员,比如刘德华先生;30年的记者,比如白岩松老师,但很少听说有干了30年的导游的。但他认为旅游是实业,任凭风云变幻,这个根不能丢,因此他从事这个行业从青年到壮年,并打算直到老年。

青年时,他是在时代的潮流中被推上导游这条路的,在中专毕业后,他先在水泥厂烧窑,后来又入伍当兵。退伍后,转业去了一家工厂,但不久工厂就倒闭了。

这时，他想起自己还有一门顺溜的嘴上功夫。上学和入伍时，他都在练习说相声，有着逗笑人的本事。正逢他的家乡乌镇着力开发旅游，他便开始考导游证，凭借三寸不烂之舌走进了乌镇旅游公司。

在1998年正式成为职业导游，他就这样在旅游业这一行扎了下来。在正式开始带团前，他将所有同行的讲解都偷摸听了一遍，备足了功课。他第一次带的团很特殊，是其他地方来踩线的40多个导游，都有四五年的资历。他想，自己讲的内容必须和前人讲过的都不一样。导游词里写的他统统不讲，于是他自己做了许多的案头工作，最后获得旅游者们的赞叹连连。

书籍经常是他的案头来源，他保持着每天都阅读的习惯，有空了就在手机上读电子书。他的阅读面很广，不论是地方县志资料、文化史料，还是时事热点新闻，都是他吸收知识的来源。他认为导游就应该博闻强识，在和旅游者交流的过程中，他也善于倾听，经常在一旁听旅游者们聊阅历、说轶事，然后将这些听到的故事转化为自己的讲解素材。

因为工作勤恳，他在2004年获得浙江省导游大赛第一名，还获得了金牌导游等荣誉。他的人生轨迹也因此改变，之后的导游事业风生水起，他也被评定为杭州D类人才。这让他感到骄傲，"当导游也能成为人才"，努力就能创造希望，他的经历就像是一部个人在时代浪潮中不断奋力向前的奋斗史。

在2005年，他带了一个全国优秀教师的旅游团，大约100人。老师们在上海接受完表彰后，到华东地区参观学习。第一餐在上海四川路的宝龙饭店吃饭，餐标是800块钱一桌。其中三位老师听说一桌菜要800元时，眼泪止不住地向下掉。诸鸣关心地询问他们，老师们回答，800块钱是他们那儿3个学生一年的学费，因为他们均来自西部贫困地区。后来的行程中，有一个在杭州的自费项目，三位老师没有报名，于是他动员旅行社偷偷帮老师们买了单。

2008年5月，他接待了北川一家医院的40多名医生，到华东一带旅游。原定5月13日返程，但在5月12日过跨海大桥去上海的路上，车上忽然有客人放声大哭，所有人的脸色都变得十分阴沉。诸鸣十分不解，这时一位医生告诉他，四川发生地震了，他们联系不上家属，很担心。于是诸鸣思考一会儿，决定把最后一站去黄浦江上看夜景的费用都退给他们。第二天一早，医生们又收到消息，说是去四川的航班全取消了。诸鸣得知此事就赶忙给成都驻上海办事处去电，说有一批旅游者，全是四川的医生，"要回去救人"。成都办事处经过多方联系，第二天就协调了一架飞机，把医生们送回去了。当导游就是这样，当和远道而来的旅游者发生了牵绊，便不能坐视不管。那年底，他拿到了杭州的金牌导游，奖金5000块钱，而他却把钱都捐给了灾区。

这就是为什么当了20年导游，诸鸣仍然乐在其中的原因。他说，这份工作能带给他很多乐趣，充实了他的生活，他既可以行万里路，还能在途中认识许多有趣的人。即使一个地方他可能去过10次、100次，但每次碰到的旅游者都不一样，每次的经历都是不同的，因为"每个旅游者都是有趣的生命，每个人都能教会你一些有意思的事"。对于诸鸣来说，当导游的精彩就在于未知，它永远不是重复的。

成功元素分析

打造合适人设。虽然长相出众的人更容易博得网友的关注，但是一些普通人只要你能够打造出适合自己的人设，能够多多出现在镜头面前，那么你也是有可能抓住流量密码的。"杭州小黑"诸鸣就是一个很典型的例子，他虽然没有出众的外表，但是他的人设塑造就做得比较好。首先，他在他的抖音账号信息下面标注了一名20年的老导游，来表明自己的身份；其次，他的头像也是他本人，戴着黑框眼镜；最后，他在视频中每次都以一身唐装的形象出现，然后侃侃而谈，讲述各种文化常识。那之后大家只要一想到"杭州小黑"，脑海中就会浮现出他的形象——一个脸庞黝黑，戴着黑框眼镜，经常穿着唐装，讲述各种文化知识的导游，这就算人设打造成功了。因此，当你决定要成为网络红人之后，你必须得清楚自己的人设，是走形象甜美的人设，还是幽默搞笑的人设，抑或其他人设，在大多数情况下还得学会包装自己。在信息碎片化时代，信息呈现多样化的趋势，而一个合适的人设，能够打造差异化的优势，让人可以迅速记住；而你一旦确定了自己的人设，就不能轻易地进行改变，这样才能够让粉丝对你有一个清晰而稳定的形象。

懂得倾听。"杭州小黑"诸鸣经常在与旅游者的讲解与聊天儿中增加自己的阅历，开阔自己的视野，然后转化为自己的素材，让讲解内容更加丰富。我们经常能看到在短视频中，诸鸣总是旁征博引，金句迭出，用风趣幽默的话语，将历史文化、人文典故与奇闻逸事结合在一起，勾起旅游者的兴趣。这不仅仅源于他自身对于知识的吸收，还在于他能够观察生活，注意到生活中的小事，并且还能够及时将其运用，进行转化。现在这个快速发展的时代，人人都在加快自己的步伐，很少有人会慢下来，更别说停下来倾听，但是作为网络红人来说，倾听别人的故事，能够在一定程度上给予自己一定的启发，也有可能成为自己的素材，如果能从中学习到相应的知识，也是一件很有意义的事情。

坚守自己的初心。很多时候由于网络红人的特殊性，只要利用好网络红人的晕轮效应，其实绝大部分人都能够获取比较丰厚的报酬，所以当大部分人一旦抓住了这根走向盈利的绳索，很可能会忘记来时的路。其实追逐利益确实无可厚非，但是能够坚守初心就显得尤为珍贵。有的人可以为了一棵树终身扎根在偏远的地方；有的人可以为了一句话一直投身于一个小小的岗位；有的人可以为了一个人永远奉献自己；李子柒虽然凭借抖音这个平台收获了一大批粉丝，但是她依旧在那一方"桃花源"中坚持致力于宣传中国传统文化；前两年大火的卖爆米花的叔叔在爆火的那两天也没有忘记自己的本职工作就是卖爆米花，没有因为网络上人们的吹捧而忘乎所以,而是一直在自己的岗位上做好自己的本职工作;"杭州小黑"诸鸣即使已经坐拥千万粉丝,可他依旧用坚实的脚步踏在导游领域这块热土上,提炼导游匠心、讲好中国故事!

紧跟时代潮流。得知共同富裕的示范点在本省,"杭州小黑"诸鸣紧跟时事,即便是在旅游途中,他也毫不犹豫地拿起话筒,这一段视频还曾在网上疯传,一度火到上央视,在传统舆论舆论场中引发不小反响;面对5G等层出不穷的新技术,诸鸣也在寻找未来的转型方向,目前他正在考虑通过直播为粉丝搭建购买优惠门票的方便渠道。"新技术也许会完善网络直播的功能,也可能终结它。但不断学习,未雨绸缪不会错。我们一定要做那个最能跟上时代的人。"诸鸣说,以前新导游可能需要和工作了二三十年的导游比业务,但往往是经验不足、人脉也比不过。但是今年不同了,大家都在同一起跑线,这对刚入行的新人来说恰恰是一个好机会,只要肯努力、有想法,在旅游行业还没有完全复苏的大背景下,也能找到属于导游的新出路。网络红人也就是这几年才逐渐兴起的,所以作为一个新生事物,要想能够得到持续的发展,也要学会和时代接轨,顺应时代的发展,要及时更新内容。

文化传承者——房博

个人素描

他,作为一个土生土长的北京人,对北京这座城市有着特殊的情结。他在机缘巧合中将自己的爱好与专业完美结合,开启了导游生涯。作为一名学者型导游,他坚持每天读书1小时,用知识丰盈自己的人生,在讲解中以北京的文物古迹、历史遗产为载体,基于正确的历史观及准确翔实的历史资料,用诙谐幽默的讲述方式,为广大旅游者讲述"中国大历史"观。除此之外,他还参加了许多节目,是一位名副其实的"网红",如2019年11月,成为中国网纪实节目《Hi 中国人》受访人物;2020年1月,受邀参加《快乐大本营》的录制;2020年8月,受邀作为嘉宾观察员,与央视主持人任志宏、故宫文物修复师王津、复旦大学教授魏峻,共同参与央视新闻《云讲国宝》复赛录制;2020年,受邀参与纪录片《复工》的录制等。

书香浸润心灵,阅读丰盈人生

为了当好一名学者型导游,房博购买了大量专业书籍,家里的藏书多达上千本,有些绝版的旧书他也高价买来,以便阅读、学习使用。他储存的名家公开课视频有900多GB,接近于一个中等移动硬盘的存储容量。学习过程中,房博看到有意思的点或者可以延伸为故事的点,就会抄录在A4纸上,并坚持每天写读书笔记,如今他的读书笔记有四五本。

房博自认为对故宫历史的了解还远远不够,为此他每天坚持阅读1小时书籍,就像教师备课一样准备自己的讲解词,他说:"无论什么情况,我每天必须看1小时的书,就算忙到凌晨3点,我也坚持看1小时的书,到凌晨4点才开始睡觉。"这些年博览群书,让房博很有底气。《清实录》《明实录》《清史稿》《明史》,还有古代官员、学者的个人笔记等历史文献,研究明清史的现代学者,如黄仁宇、吴晗、孟森、商传等人的著作,甚至是国外学者的著作,如以明清史研究见长的美国历史学者史景迁、研究中国史的日本史学家宫崎市定等的著作,都是房博的案上书。

"三天不看书自己知道,五天不看书旅游者知道,一周不看书同行知道。"房博觉得,既然想做一名学者型的导游,那就要付出更多的努力。只有这样才能让旅游者真正感受到北京的历史文化内涵,提升旅行品质,改善导游职业形象。

也正是由于他坚持每天读书1小时,因此他拥有丰富的知识,足以使他对故宫的讲解充满了深度。在这条近3千米的路线上,房博像一位资深学者一样,带领旅游者们对历史进行深入、详尽地解读。每一次讲解,他都要带着旅游者步行接近4小时;讲解词近7万字,洋洋洒洒,涉及17处建筑、45个历史人物,这都可以说是他厚积薄发得来的。

讲解打造深度,旅游展示文化

但是其实在最初,房博对于深度讲解还是有一定怀疑的。

在2001年,房博刚从北京联合大学旅游学院毕业,进入旅游行业做导游。当时国内旅游的方式主要是"四天三晚"的走马观花模式,上车睡觉,下车拍照、购物。而导游面对面接触旅游者,便成了矛盾对象。时间久了,面对这种状态,房博就开始思考自己的职业方向,到底是该单纯地讲解,让旅游者囫囵吞枣地闲逛呢?还是进行深度讲解,让旅游者能够在旅游中感受到文化的魅力?经过一番思想的斗争,他最终决定转型成为一名学者型导游,向旅游者进行深度讲解。

2018年3月,在北京导游协会的帮助下,房博开始以故宫为试点,为旅游者提供故宫深度讲解服务,让自己向学者型导游转型。之后房博就通过互联网进行预约,并按期开团,但他第一次深度讲解故宫,只有20人报名跟团,到底市场需不需要深度讲解,这也让当时处于转变期的房博心里犯嘀咕。随着时间的推移,3个月后,网上报名的旅游者却络绎不绝,有的是通过亲戚朋友介绍推荐的,有的是带着家人一起第二次来听房博讲解故宫那些事的,这些旅游者都给房博吃了一颗定心丸。

而之后为了保证讲解质量以及自己学习的时间,房博的讲解每天只有上午一场,每次限50人报名,但除了每周一故宫闭馆,房博所带的旅游团几乎每天都满额。半年后,一些导游同行也纷纷推出了深度游的模式。

房博说,他目前正在为深度讲解北京做准备,让更多的人找回过去的北京味道。其中他对于北京人独爱喝茉莉花茶的解释就很好地展现了这一点,他解释道:"其实这跟当地的水质有很大关系。按我们的话来说叫作水质比较硬,之前北京叫作'苦海幽州',我们用其他茶叶冲泡出来就感觉那个味道怎么都不对,唯独这茉莉花冲泡出来还能保持原来这个味道,不光是水质的问题,跟气候也有很大关系。绿茶性寒,适合夏天喝;红茶,性热,适合冬天喝。茉莉花非常平和,四季都能喝,因此喝茉莉花茶也能看出北京人平和的性格。"

历史是一个民族的记忆,房导愿意做每一位旅游者的记忆讲者,为更多的旅游者讲述北京,讲述中国大历史,成为北京旅游的"金名片"。

情怀融入讲解,分享打动旅游者

房博起初对导游这项工作并没有太深刻的认识,直到有一次他接待了一个夕阳红的老年旅游团,这批老人也给他留下了深刻的印象。"当这些老人们站在天安门广场上注视着五星红旗冉冉升起的时候,当他们颤颤巍巍地登上八达岭长城的时候,这些老人们哭了,他们一个个激动地拉着我的手说,这辈子能来一次北京值了。"房博说,老人们朴实的话让他非常震惊,也是从这一刻起,他找到了自己的人生方向。

"这辈子如果能做一个好导游,讲好北京故事,我也值了。"房博说。

从那以后,房博对讲解就怀有一种别样的情感,他每隔一段时间,就会根据近期热点调整一次讲解内容,有时还会根据受众和讲解的日子选择讲解角度。因此,他的讲解格外受到旅游者的推崇,据房博回忆,2018年他做专职故宫讲解后,听他讲解次数最多的一位旅游者至今已报过他带的团4次,后来还特意带着家人找他。

除了讲故宫,他还会对公司其他导游或者实习生进行培训,传授自己的秘籍,他觉得:"没什么可保留的,更多人可以进行深度讲解,就会有更多的人了解故宫历史和文化,挺好的。"

此外,房博还会录制深度讲解故宫的视频,并上传到短视频平台上。新京报记者注意到,至今他已经发布了300多段视频,他说:"收藏在故宫里的文物那么多,我希望这些宝贵的文化遗产和书写在古籍里的文字都活起来。"目前,房博的短视频账号粉丝已达200余万,最好的一条视频播放量超过千万,不少旅游者慕名而来。"一位家长在网上看到我的视频后特意带着孩子来听,觉得比老师上课讲得有趣,而且便于记忆。"这些评论也进一步激励着房博继续努力为旅游者带来更深刻的讲解!

垃圾需要分类,环保深入人心

垃圾分类其实在很早之前就已经被正式提出来了,但是由于大家对于垃圾分类的意识不够,所以一直没有得到足够的重视,但是近年来关于各种垃圾分类的热点频频被爆出,因此也把垃圾分类推上了舆论的风口浪尖上。

房博也了解到垃圾分类是一件非常有意义的事情,所以每次在参观活动的路上,房博都会在旅游车上为旅游者讲解北京城环境卫生工作发展的历史以及垃圾分类现状和好处,然后通过简单明了、通俗易懂的语言,让旅游者能够深刻了解到城市垃圾分类的迫切与重要。我国垃圾分类与欧美等国相比较下,起步较晚,很大一部分程度是我国对垃圾分类再生利用认识不够,故而组织宣传工作极为重要。而房博所从事的"垃圾分类、文明一日游"活动就是带领北京市民参观北京垃圾再生处理厂、塑料回收中心，通过旅游参观的方式让居民认识垃圾分类回收的重要性，达到提升社区居民环境保护意识的效果。

在参观之中，很多旅游者都夸奖房博导游讲解的内容客观实际、"接地气"，从不空谈。而让老百姓简单明了地理解垃圾分类的重要性，从而以点带面，以个人影响家庭，以家庭影响邻里，以邻里影响社区，以社区影响全市，让全市人民都来积极地参加这项活动，以增强自己的环保意识，这是他的不懈追求。

成功元素分析

学无止境，永不停步。人生就是一个不断"充电"的过程，高尔基曾经说过："书籍是人类进步的阶梯。"作为一名导游人员，知识是重要的法宝，阅读是获取知识的关键途径。房博坚持每天读书1小时，从不间断，即使在凌晨3点忙完工作，也会再阅读1小时，这就是他能够站在旅游者面前的底气。培根也说过："读史使人明智，读诗使人聪慧，学习数学使人精密，物理学使人深刻，伦理学使人高尚，逻辑修辞使人善辩。"由此可见，阅读是一件很有意义的事情。记得刚从事导游工作的时候，房博的老师就曾告诉他："如果一个人有一桶水的知识，再去做一杯水的事情，就会做得很出色。"想要达到这个效果，房博就必须不断学习。也正是房博这种不断学习的习惯，让他在2017年国家旅游局举办的"全国导游大赛"中取得了冠军。当然，打造网络红人除了阅读相关书籍之外，获取所需要的理论知识还可以关注你所感兴趣的领域的网络红人，通过观看他们的视频来进行学习。总体来说，现今社会，知识具有根基性的作用。任何一个人物的成功，就好比在建造房子，只有打好地基，不断发展，才能最终建造好属于自己的摩天大厦，而知识就好比地基，是成功的基础。你想要成为一个网络红人，学习就至关重要，你要相信"学无止境，永不停步"！只有不断地学习知识，进行持续的输入，才能持续地输出！

学会沉潜，一鸣惊人。做一件事情就要扎实做进去，要肯钻研，肯用功，不能三心二意，这样才能真正领悟。比如爱迪生正是由于他自己刻苦钻研，才能有电灯泡让千千万万家灯火通明；正是由于屠呦呦团队们的潜心研究，才有了青蒿素的问世；也正是房博数不清夜晚的苦读，才使故宫的讲解深入人心。其实做任何事情，只要你能够沉下心来，你都能够有所收获。在网络红人的打造上亦是如此，在当今社会，网络红人的暴利性质导致大家对于这一职业趋之若鹜，但是很少有人能够沉下心来去钻研这门职业需要的条件要求等。人们常说搞科研需要坐冷板凳，我认为除了科研，网络红人的打造也是需要耐得住寂寞，大多数很出名的网络红人也是从无人问津一步一步走向众人追捧。你在成为网络红人之前所经历的那些时光，最终都会成为你宝贵的财富，值得你回味一生。

围绕核心，打造内容。要成为网络红人，内容需要有自己的特点，垂直度要高，比如我们在抖音上发短视频，不要今天发风景，明天发唱歌，后天发跳舞，这样推荐量就很低，也不容易引人注意，给网友的感觉就是五花八门，视频很乱，没有打造出你的核心亮点。如果你喜欢跳舞，你的视频要以跳舞的内容为主，既可以自编舞蹈，还可以教别人跳舞，这样更容易引起他人注意，关注度也会进一步提高；如果你喜欢绘画，你的内容要围绕绘画为核心进行展开，既可以与别人合作画画，也可以单独绘画，让网友们在绘画中看到了另一个不同的世界，从而提升视频播放量；如果你喜欢吃美食，你就开个吃播，内容围绕着吃各种美食展开，从北京吃到海南。房博致力于宣传北京历史文化，他的视频主要是关于皇帝、太后的未解之谜，垂直度相当高，因而，一旦你选择好了自己的赛道，就根据自己的赛道打造核心内容，就不要"三心二意""心猿意马"。

"有所为，有所不为。"卢梭曾说："人生而自由，却无往不在枷锁之中"，除了本身的自由之外，还应该遵守社会相应的规则，网络红人在一定程度上可以起到榜样带动的作用，但很多网红博主为了噱头，可以不惜一切代价做出任何事情，罔顾伦理道德，从而达到一定的浏览量。虽然说这样可能会在短时间内博人眼球，但是有时候会与我们现今社会中所提倡的价值观所违背。其中一个很典型的例子就是当时的网红一姐，为了吸引人的眼球，博人关注，戏改国歌，最终也自食其果，遭到全网封杀；但你看，房博不仅参加垃圾分类相关活动，还将垃圾分类的理念融入讲解中，作为一名网红导游，将环保理念不断推广，受到了旅游者的喜欢。有一句话说得好："如果你想要粉丝，你必须先成为粉丝；如果你想让社区接受你，你应该成为社区中的好网民。"当你成为一个网络红人时，你的一举一动在网友的眼中都会被无限放大，所以做任何事情都要有一个度，把握住道德与法律的界限，内容要积极向上，充满正能量，弘扬社会主义核心价值观，可以让粉丝树立正确的人生观、世界观、价值观。

故宫传播者——曹震

个人素描

他从事导游工作十余年，还有 5 年的自媒体直播经历；他经常说带团时"要像制作艺术品一样去带领每一个团队，让客人达到从未有过的愉悦感受"！他在直播时"用全身心的讲解为直播间里的每位旅游者奉献出一场视觉和听觉的饕餮盛宴"！他就是曹震，曾入选原国家旅游局 2017 年度"金牌导游"培养项目，获得北京市第八届导游大赛金奖、最佳服务奖和第四届全国导游大赛金奖、"北京旅游行业榜样"称号；还被共青团中央授予"全国青年岗位能手"；在 2021 年又获得全国总工会

"五一劳动奖章",成为北京和全国导游行业的优秀代表。2022年他还担任了冬奥会火炬手。现为众信旅游集团股份有限公司导游及领队,中级导游。

利用直播,充实生活

新冠病毒疫情发生后的那段时间,行业内都在谈论云旅游,也有同行开始做直播。这也让曹震那颗被疫情封闭的心重新打开了,他觉得直播是在疫情期间重要的谋生工具。"一方面能精进业务,旅游市场恢复时,不至于手生;另一方面也能宣传自己,让更多的旅游者知道北京导游曹震,来北京旅游的时候,能找我们做讲解。"

于是,曹震便开启了他的直播之旅,对于自己的第一场直播,曹震记忆犹新。他说:"刚开始还是很忐忑的。从来没做过直播,对于直播的了解也只限于知道如何操作,能不能做好?没有人看怎么办?有人质疑怎么办?都是未知数。"

不过在正式直播前,曹震做了充分的准备。他说:"当时我把故宫的知识又重新梳理了一遍,丰富了内容,购买了直播要用到的云台等设备。虽然有担心有焦虑,但既然决定了做这件事,就得勇敢地迈出第一步。"

2020年7月21日10时,曹震在故宫开启了第一场直播讲解。"一直到下午2点多,直播持续了4个多小时,中间没吃饭也没喝水,更没时间上厕所。"第一场直播,曹震直播间里有40多个粉丝在线,对于这个成绩,他很满足。"还以为会没人看呢,有40多个人看直播,我已经很满意了。"因为怕讲不好,曹震并没有在自己的朋友圈中宣传,只是把直播的信息分享到了两个比较熟悉的群里。

从7月21日到当年9月底,曹震保持着每天在故宫直播两场的节奏,早上买票进故宫,上午讲前朝,下午讲后宫,中午就在故宫里买个面包随便对付一下。直播结束,故宫闭馆,坐地铁回家。在两个多月的时间里,他的粉丝暴涨到了50万。

曹震说:"到2020年8月中下旬,我直播时的最高在线人数已经达到三四万人了。"

总结涨粉秘籍,曹震首先提到的是知识积累,得有一定的积累,才能撑起直播时长;另外,讲解要衔接顺畅,把控好讲解节奏,讲解语气、声音大小、镜头运用等都需要注意。正是由于多年的线下讲解经验,让曹震的直播水到渠成。

保持热爱,奔赴山海

曹震说:"在直播间讲解,能够得到大家的一致好评,看着粉丝数量不断增长,还是很有成就感的。"谈到如何坚持下来的时候,曹震告诉记者:"有一位粉丝在直播间留言,说他妈妈腿脚不好,一个人挺孤单的,现在天天蹲点看我的直播,说通过我的直播看到了更大的北京城。还有很多妈妈留言,说孩子放学就守着听我直播,因为我的讲解喜欢上了历史。另外,通过直播有了一些收入,也让我看到了希望。一举多得,所以就坚持下来了。"

"既然做了直播,我就想把直播做好。"不间断的户外直播,曹震要克服很多困难,才能将最好的内容呈现给粉丝。他说:"从我家到故宫要一个半小时,我一般很早就出门，直播结束回到家已经很晚了，还要复盘总结当天的直播，准备第二天的直播。""刚开始直播的时候正值夏季，早上买票进故宫，晚上出来，直播期间也不敢多喝水，一个夏天下来皮肤黑了很多，还曾晒伤、出现过敏。"然而这些并没有磨灭曹震对于直播的热情，他依旧默默地坚持着。

可是快速的涨粉期之后，曹震的直播卡在了平台期，这也让他很着急，2023年12月的时候流量不好，在线人数有时都不到1000人。焦急的曹震给自己定了个新目标——每场直播点赞数不到100万不下播。那段时间，他开始每场6~8小时的大直播，刮风下雨也从不间断。

记得有一天，因为雨夹雪，故宫没有开门，不想断播的曹震依然赶到故宫，就在故宫门外广场上架起云台开始直播。他觉得："天天都在直播，今天不播流量万一又下去了怎么办？"刚开始播的时候只是在下雪，后来变成雨夹雪，可是他依旧站在那里直播，羽绒服全都湿透了。粉丝们纷纷留言说，曹老师快回家吧，并且纷纷点赞。从下午5点到晚上8点多，这场直播达到了100万赞。此后，曹震的粉丝数量迅速增长，实时在线人数又回到了一两万人。

2024年3月，曹震将直播版图从故宫扩展至颐和园、恭王府。他说："老讲一个地方，怕粉丝听烦了，自己也有疲惫期，所以想拓展新的内容，让直播更有新意。"

能够成为一名网红导游、收获众多粉丝的背后，其实是曹震的辛苦付出以及作为一名旅游人的坚守。

赠人"炸酱"，手有余香

直播日常，不仅让曹震的职业热情一直在线，还在频繁的互动中，拉近了他和粉丝间的距离，甚至还有了"一碗炸酱面"的故事。曹震笑着说："之前，有11位粉丝来北京玩了两三天，他们来自内蒙古、上海、安徽、山西、天津等地，和曹震相约。作为东道主的我请他们品尝了咱老北京地道的炸酱面。"于是，这段温馨的"交集"便在直播间迅速传播开来。当天在直播间，还有粉丝开启线上"邀约"，他们约定好了，来北京一定补上曹震专属牌的炸酱面。

及时总结，分享经验

积累了一些经验后，作为一名金牌导游，曹震开始和同行们分享经验。他说道："如今，线下线上融合是大趋势，人人都是自媒体，你要跟上趋势，不能躲。作为导游就要探索如何将工作跟互联网进行更好的融合。"曹震还告诉记者："今年我参加了三次北京市文化和旅游局有关直播的分享会。一次讲长城，一次讲故宫，还有一次讲北京中轴线。跟很多想做直播的导游现场分享了我做直播的心得和经验。现在，他们在直播过程中有什么不懂的也会来咨询。"

除此之外，他还在《动听导游》这个栏目中分享了大家可能比较关心的问题：①我能做网络红人吗？他认为每个人都能做，每个人身上都有闪光点，有可能因为你长得好看、长得帅会涨粉丝，有可能会因为你的幽默涨粉丝，也有可能会因为你的知识渊博涨粉丝，总而言之，记住天生我材必有用，试试啊，万一行了呢。②现在做网络红人来得及吗？他客观地说，可能没有前两年好做，毕竟人越来越多，但是依然来得及，只要去做都是一个机会，身边有不少同行比我晚做的也都做起来了。③做网络红人有什么雷？比如避免使用敏感词、政治词汇，杜绝传播负能量、夸大功效等内容。去外省不熟悉的地方，信号不好的地方，用最有代入感的状态去说。④做网络红人挣钱吗？如果和那些专门带货主播或者娱乐pk主播相比，效益当然没有他们高，但是只要能够起势，都还行，和带团差不多，除了看实力，还要看流量看运气，有时好点儿，有时一般。⑤自媒体会不会和传统带团有冲突，我觉得这个时代，不能躲，就看怎么用了，可以相辅相成，没团的时候做短视频、做直播，有团的时候去带团，而且还可以线上引流，相辅相成。其实这些都是曹震在直播和拍短视频的过程中一点点积累的经验，是经过实践不断总结出来的隐性知识。

坚守阵地，展望未来

曹震说："虽然我的直播收入已经很不错了，但我不会离开旅游这个行业，我始终是一名导游。"导游是一座城市的名片、也是一个城市的代言人，能够让旅游者更好地了解一座城市。

在曹震看来，直播是一个很大的平台，受众比较广泛，能让我们更好地宣传自己的城市，宣传中国的文化，宣传旅游行业，还可以把线上的粉丝引向线下，可以说直播跟线下带团是相辅相成的，看得多了，通过线上与线下相结合的方式让旅游者能够更好地感受北京的魅力。

因此，曹震打算站在旅游的阵地，计划把更多的北京历史和文化搬上直播，由于北京可以挖掘的东西太多了，除了讲故宫、讲明清历史，还可以细挖某个景点、某个人物、某件文物，明清600年，方方面面、点点滴滴、内政外交，都可以拿出来深入研究和讲解。

直播做好了，他还想做短视频。在曹震心中，最理想的状态是兼顾视频和直播。他认为："如果视频能够做起来，那以后在带团的同时，也可以去外省市拍摄短视频。但目前最主要的工作还是要把直播做深做细，做到极致，不能辜负了旅游者和粉丝的信任。"

成功元素分析

敢想敢晒，展示自我。有一句俗话叫作："是骡子是马，总要拉出来遛遛，让大家看到才知道啊！"所以我们要敢于表现自己。那么对于网络红人来说，我们要敢于分享，学会"晒自己"，这样才能让网友发现自己。如果你闭门造车，将自己藏起来，就算你是一颗价值连城的珍珠，也很难被人发现。这两年疫情对旅游业产生了巨大的影响，如果依然像原来那样的模式，你只能等待被淘汰，曹震就跳出了原来那种怪圈模式，开启故宫云直播；在抖音分享那些有趣且不为人知的故事，从原来岌岌无名的导游变成人见人爱的"网红"。正是因为他能分享、会分享，才有如今的成就。因此，当你想要成为一个网络红人，你就可以养成分享的习惯，让大家能够看到你。

保持热情，效率翻倍。有人曾经说过：热情是做事情最好的原动力。做任何事情，一旦有对这件事情的热情，那么做这件事情的效率就可能会有所提高。比如在学习中，要是我们对学习这件事情本身就有足够的热情，那么学习就会事半功倍，达到出乎意外的效果；在生活中，像插花等，要是个人具有足够的热情的话，那么就会愿意去琢磨它，从而能够把这件事情干好；曹震老师之所以能够在网红这个行业中大放光彩，就源于他对于旅游和直播短视频的热爱。唯有热爱才是这平淡生活的解药，才是这繁杂工作中的一点星光！可能很多人觉得网络红人是一份工作，它确实也是一份工作，但是它不仅仅局限于一份工作，如果你把它当成一个工作的话，确实能够提高自己的认真度，但是要想长期从事这个工作，必须要有足够的热情进行支撑，否则就会出现你每天在同一个时间，做着同一件事情，感觉生活就像白开水，只剩下枯燥乏味的情况，而你自己就好像一台机器，每天连轴转，重复着同样的工作。

拉近距离，积累粉丝。懂得保持好人与人之间的联系是能在社会网络中如鱼得水的一个重要武器，而作为一名网络红人，保持好和粉丝的联系就至关重要了，可以走所谓的"亲民路线"。曹震送他们炸酱面吃，其实就算是一个引子，能够拉近他和观众之间的距离，让观众觉得很真实，从而达到积累粉丝的目的。那作为一名网络红人该如何拉近与粉丝之间的距离呢？首先，当你视频一经发布之后，可选择在自己作品的评论区主动留言，提出与视频主题相关的话题，打开评论区的开关，引导粉丝们进行互动，增加观众对视频的参与感和认同感。其次，要及时注意评论区动向，最好在第一时间和评论区的粉丝互动，及时回复评论，更容易提升粉丝持续互动的热情，对优质评论点赞，可以增加优质评论的关注度。再次，你还可以建立粉丝群，时不时空降群里面发福利。最后，当有机会线下见面时，不要摆架子，要真诚有礼貌，记住一点"网络红人也是普通人"。经常保持与粉丝们之间的联系，与他们展开一定的互动，这将有利于你与粉丝之间形成一种长期的良性的关系。

及时总结，分享经验。现在我们所处的时代可谓是站在巨人肩膀上的时代，当你成为网络红人之后，你既可以从自己以前的视频中寻找不足，看到自己的缺点；也可以从别人的视频中借鉴经验，看到别人的优点，但绝对不是抄袭，我们要清楚借鉴和抄袭的区别；还可以选择性地进行听取网友、粉丝的意见，虽然网络上有许多无缘无故的喷子，但是也有很多粉丝有一些比较中肯的意见。曹震在《动听导游》这个栏目中分享了目前大家比较关心的问题，这些都是他自己经过时间的沉淀，总结出来的经验。无论是拍短视频，还是开直播，之后及时地进行总结能为下一次优质内容的产出作出巨大的贡献。

旅游 KOL 第一人——嬉游急速菜菜

个人素描

他既是嬉游公众号主理人，也是一位旅行博主，他善于把旅行、酒店、信用卡结合在一起，帮助人们更聪明地去旅行。他的公众号打开率超过 10%，利用一篇推文可以卖出 600 万元销售额的马尔代夫 JV 岛产品；在 30 分钟内售罄苏宁宝丽嘉 100 万元库存；让单体酒店宁海安岚酒店销售额过百万元。因此，他被称为"旅游界的李佳琦"，他就是急速菜菜。

享受忙碌，绽放精彩

打开急速菜菜的朋友圈，最常见的除了各种优惠链接之外，就是全国各地的酒店打卡内容，偶尔还会有 OTA 的直播带货客串，这个"85 后"好像一个永动机，精力一直用不完。

事实证明，急速菜菜确实是"闲不住"的人。刚在携程直播间露面，没过两天急速菜菜又和最近爆火的"网红"梁建章一起直播。急上加急的工作是急速菜菜最习以为常的事情，有时候为了酒店突如其来的某个活动，加班如同家常便饭。就连在疫情期间，他也完全没停下来。"很多人在疫情期间有大量的休息时间，但我是完全没有，因为酒店需要生存，很多酒店在疫情发生初期就开始选择以预售的方式招揽生意，所以这段时间我也很忙，但这也是没有办法的事，现在酒店太难了，有时候看到入住率很低的酒店为了节省成本只开一层房间，前台只有一个人，真的感觉很心酸，所以我多忙点就能多帮点他们。"急速菜菜说。

他在忙忙碌碌的日子里奉献了自己的心力；在满满当当的工作中感受到了充实；在这个风起云涌的旅游战场上绽放了属于他的精彩！

易地而处，建立信任

急速菜菜在很多地方提到过他对旅游消费购买的理解，信任是付费的前提，当积累的信任大于付费的心理顾虑，交易自然会发生。急速菜菜推荐的东西都是站在用户角度出发，包括接商业广告和商品推荐，都有着极为严格的限制。

为了体验到最真实的服务，急速菜菜通常会提前一天不通知酒店偷偷住上一晚。他告诉记者："我觉得做 KOL 不仅要懂这个行业，还要懂商品品类和内容，如果我连要推介的产品都不了解，怎么能挖掘出产品中最有价值的东西，又怎么能打动购买者？"正是这个原则，让嬉游与大部分旅游 KOL 有本质区别，他不爱诗和远方，不屑于童话故事，不堆砌美丽的辞藻，公众号文字直抒胸臆，内容不拐弯不抹角（偶尔也会有两张表情包），但总能在第一时间告诉人们最关心的内容。

由于他之前在酒店住过，让他关注到经常存在酒店客人不好停车的问题。在很早之前，急速菜菜便推过一个商品"杭州 JW 万豪 8 块 8 的冰淇淋，可以免费停车三小时"。当时这个商品一发出去之后就爆火，大家都买冰淇淋去停车了，最后官方都 hold 不住了，就把产品描述改成只能停车 15 分钟。

急速菜菜还很重视粉丝群体对他的信任。他告诉界面新闻，现在每个月至少有四五十个供应商找他投放广告，但他坚持只从中选择合适的商品，最多发 4 篇广告。"不合适的商品广告就是不接，信任是这样慢慢养成的。"

他觉得做一个旅游 KOL，最重要的一点就是要把自己当作一个消费者，看哪一点最能吸引到你，如果这个产品你自己都不会去买，那他认为没有推荐的必要。正是由于他能够站在用户的角度考虑问题，所以你可以看到他的评论区都是朋友间极为活跃和轻松的交流氛围。"你别推荐了，我买就是了""老公赚钱的速度，赶不上你推荐的速度""喜欢看你的文字，特别诱惑人，不经意就种下一片草原""这个双十一什么都没干，就跟着你买""太美了，就差钱了""唉！就想换个老公"等，从这些评论中我们就可以看出这些粉丝给予了急速菜菜很高的信任。

深耕内容，打造亮点

现在有些旅行博主，发旅行内容，基本上都在秀自己的心情，发一些无关痛痒的图片，没有任何信息价值，而这些并不能影响消费者决策。真正能打动消费者的是含有一定信息量的内容，比如说你自己对这个地方的评价，合适的拍摄机位在哪儿，什么时候去最适合拍照，应该穿什么，吃什么比较美味，住在哪儿比较划算等。

急速菜菜就恰恰抓准了这一点，将自己公众号的内容进行深耕，不是单纯地种草，而是将旅行和航空、酒店、信用卡结合在一起输出内容，既在远方，又在路上，透露着一股老司机带你选旅行产品的专业感。这就是为什么其他公众号一发广告就掉粉，急速菜菜发广告却还能涨粉；这就是为什么只有将近 24 万的粉丝却能够在短短 7 天卖掉价值一个亿的产品。

预售商品，"疫"后回血

伴随国内疫情的缓解，上海、陕西、四川等旅游主管部门均发布关于旅游企业复工复产有关事宜，其中对旅行社开展经营活动做了限定，允许开展部分省内、市内旅游。对此，旅行社、在线旅游企业纷纷向"久违"的旅游者们发出"召唤"，据携程平台统计，截至 2020 年 3 月 17 日，全国有 1449 家知名景区开园，并开启预售机制。

春节黄金周的蒸发和骤然进入休克期的旅游行业，都在经历着痛苦的低谷。急速菜菜认为："预售模式有助于各商家回笼资金，但不是所有商品都适合做预售。"

他说："旅游产品预售大概就这么几类，第一类是酒店。酒店是目前预售做得最多的，像开元、苏宁、万豪、希尔顿这些酒店也都会跟进做预售。房间都是业主的，自己就是资源方,所以相对来说做预售比较简单。第二类是乐园类门票,非常适合预售。例如,长隆、迪斯尼,IP足够大,同时消费者也有'囤货'的心理。如果是某一个不太知名的景区做门票预售,可能性就不太大,因为这类景区门票对于大家的吸引力并不是很大。第三类就是餐饮。餐饮做预售对消费者来说,其没有前两类产品诱惑大。"

急速莱莱表示:"除此之外,度假类产品不适合做预售,主要原因是目前航班信息变动大,特别是一些出境航班大量取消,何时恢复尚不确定。"

这样的预售机制让供应链的协调从原本的僵局变得迎刃而解,并且还能反向促进上游供应商的精细化运作,从而促进"疫"后旅游行业迅速"回血"。

成功元素分析

时间就是金钱。这一句话诞生于1979年的蛇口工业区,造就了现在的深圳速度。急速莱莱就像一个永动机,一年365天大部分时间都在工作,正是由于他善于做时间管理大师,才有了嬉游公众号如今巨大的成就。许多网络红人可能因为某个机缘巧合红极一时,但如果不趁热打铁产出新的东西,这一时的流量以及热度很快就会被这个快速变化的时代所席卷和淹没。很多时候,往往就是几秒钟,可能损失的就是几个亿。当你成为网络红人时,你需要有一种时间紧迫的意识,做事情要有相应的方案,对每天怎么产出,产出什么都要有一定的安排,这样你才可能走在其他人的前面。故而,把握好时间,树立起时间观念有助于推动你的网络红人事业更进一步!

用户就是朋友。"和用户做朋友,和用户做朋友,和用户做朋友",重要的事情需要讲三遍,一切不会对朋友做的事,都不可能对用户做,要把用户当成盆栽里的花朵,怀着一颗真诚的心细心养护,才能开出绚丽的花。作为一名网络红人,要珍惜自己的羽翼,能够将用户当成自己的朋友,不割用户的韭菜,保护好用户的口袋。前段时间某某直播带货自己不吃,却想让自己的粉丝购买,这显然没有说服力,连自己都不想吃的东西,粉丝怎么会相信呢?结果评论区一致评论其吃相太难看;而急速莱莱一年365天,有大概200多天都住在酒店里,光花在酒店上的钱就将近几十万元,只为了提供让用户满意的酒店产品。就像在《零售心理战》这本书中,7-Eleven创始人铃木敏文频频提到"外行视角",他认为"要站在顾客立场"想问题,这将有利于网络红人长远持续的发展。

内容才是王道。随着内容营销浪潮的袭来,一批批网络红人掘地而起,自媒体也不断发展,从微博、微信,再到抖音,但是很多人却忘记了内容营销最重要的是内容,不是营销。作为一名网络红人,首先,要深耕内容,打造属于自己的闪光点。如果你是大学生,那么可以发校园内的内容,比如浙大陈娟,靠自己在寝室内的搞怪,成为知名网红;如果你在家,你就可以发一下与家庭生活相关的内容,比如祝

第七章 / 九大网络红人背后的故事

晓晗拍摄吐槽父女关系的视频，由此也成为千万级的网红博主。其次，要不断进行创新，这一点对于需要不断进行作品输出的网络红人至关重要。这看似是为自己增大了工作量，其实不然，这不仅仅能够在创新过程中碰撞出思想的火花，还能够生产出有营养、有质量的内容，增加用户黏性，从而提升他们对于内容的满意度。

选品才是关键。"性价比"是急速菜菜带货时经常挂在嘴边的一个词，在他看来，一个KOL做得再好也不能把低、中、高三档的酒店产品全部收入囊中，这不现实，也不能帮忙留住客人。但真正优质的产品只要有一个合理的价格就肯定会有人买单，而高档酒店产品可挖掘的闪光点更多，更能吸引到客人，形成良性循环。正因如此，急速菜菜每个月都会从几百个酒店邀约中精挑细选出5~6个合作酒店，有单体，更多的是酒店集团，然后进行深度合作。由此可见，选品占有着举足轻重的地位，这不仅仅适用于公众号的旅游KOL推荐产品，还适用于当你以网络红人的身份直播带货。作为网络红人的你要学会选品，让用户觉得你推荐给用户的商品就是最好的、最值得买的商品，同时还要确保它是最低价，满足粉丝群体的小确幸。

94年的亿元创业者——彭士平

个人素描

他是个1994年出生的大男孩，却已拥有着一家经营国际国内旅游业务的专业公司。在2016年，一直有着环球旅游梦想的他，从音乐专业辍学，创办了全国知名分享式旅游资源整合平台，短短3年，从0做到品牌价值4.58亿元。2020年后，旅游行业遭遇重挫，而他创办的企业却能够逆风而上，截至2025年6月，企业会员达52万人，并获得资本市场的青睐，得到PRE-A轮投资。2024年，公司纯旅游业务营业额超2亿元。他是谁？他就是享梦游的创始人——彭士平。

心中有志，才能奔向舞台

你12岁时在干什么？18岁时又在干什么？

是不是12岁在听爸妈的话，好好学习；18岁在背水一战，发奋要考一个好的大学。

而彭士平却与常人不同，他的心中从小便有一个"环球梦"。

他的家庭并不富裕，父母算是当时的"创一代"，从农村来到长沙，在那个年代的长沙市中心——东塘农贸市场里，彭妈妈做水果生意，彭爸爸炸臭豆腐，两个人因为朝夕相处，从而萌生出了爱情的火花。彭士平作为家中的独子，虽然家庭并不富裕，但父母却想尽办法，尽力把一切最好的都给了他。彭士平说，关于小时候的记忆，更多的是父母在店里那一方小小的天地里辛苦地忙碌。跟随着父母创业的他，经常会每隔几年就搬一次家。他回想道：那些年，他们一家，从河东到河西，把长沙城租了个遍，因此也见证了长沙的变化。所以，彭士平从小在心底就许下愿望：一定要去外面看看更大的世界，认识更多有趣的人，见识更多从来没有听过的奇闻轶事。

可能是受到父母的影响，彭士平从小也对商机比较敏感。初中的时候，刚满12岁的他就发现同学们对鞋子有着较大的需求，因为按照学校规定，大家统一穿校服，而唯一有区别的便是大家穿的鞋子，所以对于那时候的初中生，只有鞋子才能够彰显他们的个性。于是，彭士平便开始在同学里做起了鞋子生意，随着初中毕业，他的鞋子生意也从本校分散到了长沙的各个学校。而当时腾讯QQ的迅速崛起，也为他的这份小事业插上了翅膀，他一方面利用QQ空间上传鞋子的款式图片，能够让顾客们进一步了解到商品的信息；另一方面，他还运用激励政策鼓励老客户们向身边人介绍推荐，从而开启了他的"分享式经济"之旅。

在他18岁那年，他用这几年的积蓄，在长沙买了一套属于自己的房子，并将他的爸爸妈妈接过来一起住。上了大学以后的他，开始半工半读，有了前几年线上创业的累积，他很快有了自己的想法，准备结合实体创业，在线下搭建消费场景，利用线上分享式经济模式，不断扩大自己的客户辐射圈。大一第二学期（2013年2月）他还获得了学校创业基金奖励。读大学那几年，彭士平很努力，一边是繁重的学业，一边是忙碌的事业。他说，那时候每天都很累，每天早上叫醒他的不是闹钟，而是订单，只睡4个小时是常有的事情。

2013年，他用自己挣的钱去了近10个城市旅行，初步完成了自己的"环球梦"，在那些地方看到了不一样的风景，见到了不一样的人，听到了不一样的故事。不观世界，何来的世界观，他在朋友圈里写道，我的大学梦想很简单：拿着自己赚的钱去自己想去的地方！正是由于他心里对远方的期待，才能激发他后来对商业舞台的渴望，也便有了后来的享梦游！

脚下有路，才能遇见彩虹

直到2016年，微商盛行，彭士平深切地感受到旅游业是一项朝阳行业，未来市场前景十分广阔。并且对比他自己之前从事的实体行业，旅游业的房租、人工成本较低，并且没有囤货压力，所以他心中便萌发了想把手里微商代理和旅游相结合的想法。而在一次去印度尼西亚的旅行中，他就更加坚定了这个想法，明确把旅游作为自己发展事业的方向。主要是因为当时在旅途中，彭士平遇上了一位贵人，和贵人一番交谈下来，不仅受到了启发，还获得了30万元的投资。很多时候，遇见贵人，并不容易；遇见贵人还能把握住机会就更不容易，这其实也是能力的一种象征。而彭士平便具备这样的能力，他结合自己从事的实体门店以及微商的经验，突破传统经营模式，将传统旅行社销售人员和门店店长转型为享游达人和城市合伙人的形式，以全新的视角解读社交趋势，为喜欢旅行的年轻人创建人脉、商脉的欢聚场。于是

第七章／九大网络红人背后的故事

在2016年8月8日，梦游差旅正式成立，也就是现在享梦游的雏形。彭士平说："那时候很多人都不理解，听到得最多的声音是人们对自己的否定，很多人会认为旅游这样玩是一个死局，都觉得不应该这样操作。"可是梦想不应该只在心动，想法也许只是一下子，那不尝试何来成功，22岁的他，认为只要用心做，上天一定会看见的。这一年，他奔波忙碌着，本着"想都是问题，做才是答案"的座右铭，身边也有了越来越多的同行者。在品牌创立的第251天，加盟门店突破30家；在品牌创立的第300天，团队裂变人数达800人；经过1年的沉淀，2017年享梦游的旅游单店营业额做到了3700万元。

这一年，他用傲人的成绩让那些曾经否定他的人默默地闭上了嘴；

这一年，他终于把自己的爱好发展成了事业；

这一年，他有了属于自己的个人品牌，通过线上线下结合，利用分享式经济，让享梦游成为旅游行业中的一匹黑马。

2018年是互联网思维蓬勃发展的一年，彭士平带领着他的团队，实现了从量变到质变的飞跃，企业迭代进入2.0时代。

2019年，在互联网平台高速发展的背景下，他带领团队进军电商平台，准备将之前的公司彻底孵化成一个网络科技公司，还打出了"享梦游不只是旅行"的口号，准备将传统实体门店和网上App商城进行联合，实现线上线下一体，打造全民分享与资源整合、包罗生活万象的平台。这一年，可谓是分公司全国遍地开花的一年，团队飞速扩大，仅旅游部分就做到了4亿多元的营业额，而他也完成了走遍中国，环游40国的计划。

眼里有光，才能看到远方

创业就像一场修行，一场没有终点的旅程，在路上不断向前，每一天都是新的开始。享梦游的崛起对传统旅游造成了巨大的冲击，彭士平和他的团队也因此遭受到了更多同行的质疑，但他依旧坚持初心，也接受着社会、行业一次次的严苛检查，最终他用实力一次次证明他的决定是正确的。

与此同时，他和他的团队也取得了诸多荣誉，比如荣获了2018中国（行业）十大创新力品牌、2018中国（行业）十大影响力品牌、2018中国品牌影响力（行业）十大领袖、2019中国品牌影响力100强、2019中国品牌影响力（行业）十大创新企业家、2023年度芙蓉区优秀政协委员、福布斯全球联盟FGA500会员、长沙市优秀青年岗位能手、2024年胡润U30中国创业先锋、2025年芙蓉区青年创业导师等荣誉称号。

随着社会对享梦游的认可，越来越多的人也逐渐意识到传统旅游存在着故步自封的弊端，而互联网时代的到来，可以为商业群体提供更多的可能性，享梦游的崛起是时代进步的必然选择，而无视社会发展风潮的人，终究会被时代与社会淘汰。尽管彭士平和他的团队在这样的新趋势、新模式下摸着石头过河，可他却说：一切都在创新,我们也要赶上这趟创新的列车,同时也要不忘初心,不断自我完善,认认真真地对待每一个相信我的人,坚定不移地走下去。

2020年,突如其来的新冠疫情让世界经济都为之一震,旅游业首当其冲,全面陷入停摆的状态。公开数据显示,在第一波疫情冲击之下,截至2020年3月底,国内共计6456家涉旅企业注销,其中不乏知名企业;一些景区也宣布破产重整。"那时候退单像潮水一样。"彭士平回忆,为了不辜负这些信任他、跟随他的伙伴,尽管每天一睁眼他就得想钱从哪里来,但他还是竭尽全力迅速完成退款,迅速从被当头一棒打懵的状态中调整过来,思考企业该如何自救,因为他深知,他不能倒下,这不仅仅是他一个人的梦想,更是众多会员们共同的梦想。每一个闪闪发光的梦想,都有点亮未来的能量。正是由于他心中这份闪闪发光的梦想支撑着他面对疫情之下的惨况。

彭士平说,虽然疫情给大家带来了许多负面的影响,但也正是这次疫情让他冷静下来,思考当下年轻人喜爱的是什么,需要的到底是什么,如何实现财务自由?2019年的变革是正确的选择,于是集"年轻""社交""分享""网红"等个性化标签于一体的大脑工场应运而生。大脑工场其实就是享梦游旗下首个共享空间项目,打造年轻人的开放性文化平台,为都市年轻人群创建集生活、网红经济、粉丝经济于一体的网红打卡点。

彭士平带领自己的团队在大脑工场里"脑洞大开"。他说,人民对美好旅游生活的向往,永远是他信心的来源。他不再局限分享式旅游,而是借助互联网自媒体飞速发展的契机,深挖"Z世代"消费者的需求,创新性引领市场,他说:"旅行社转型不仅仅是在旅游上转型,而是要往旅游的细微处深化。"以旅游为出发点,考虑到诗与远方不可分离,读书与旅行也应相辅相成,故他加盟樊登书店并深度与其合作;打造个人IP是未来趋势,IP形象摄影必不可少,并且旅行和摄影更是紧密联系,于是创立IP形象摄影旅拍品牌;年轻人需要奶茶社交,因此开创网红奇趣奶茶品牌;还有跨境电商,以及探店主打本地生活……他集合了很多个行业和品牌,打造矩阵式产业。充分把握年轻人的种草文化,打造属于年轻人的新旅游,抓住新媒体平台潮流方向,带领22万会员一同进入新媒体时代,并且培养每一位参与者成为自媒体端口的内容生产者,搭建起享梦游的新媒体矩阵,他自己也从参与者变成了孵化者。

后疫情时代,旅游迈入全域时代,新旅游、新体验、新玩法的文旅新创想就成了主流。过去的5年,享梦游主要是通过私域的发展取得了较好的成绩,这一年战略进行全面升级,凭借其年轻资产运营模式和多元化发展战略,引领"分享式旅游"的新浪潮,聚焦于年轻的市场,主打"Z世代"消费者,从多维度去拓展品牌的知名度、升华品牌的价值,通过旅行改变更多年轻人的生活习惯。

正是因为这几年的对梦想的坚定不移,在如此多变的大环境中,彭士平和他的团队积极探索旅游新出路,被更多同行效仿,被资本所关注,于2021年10月,完成

PRE-A 轮融资。

10年前的思维是做10年后的事情，不想被淘汰就要与时俱进，唯有不断地精进才有成功的机会，唯有不断地创新才有成功的契机。未来，彭士平将带领团队探索更多全新生活方式，朝着全网2亿粉丝的目标不断努力。

成功元素分析

心有多大，舞台便有多大。俗话说：一个没有野心的人只能碌碌无为地过完这平淡的一生。个人认为，这里的"野心"并不带有贬义色彩，其实还可与我们平时经常所提的梦想等同，人生会因为梦想而伟大，会因为野心而闪耀，高灯远照。想要成为一名网络红人，首先就不应该甘于平庸，要敢想，如果你心中并没有任何关于想成为网络红人的想法，认为那距离你的生活太过遥远，永远也接触不到，在最开始的时候你就打退堂鼓，之后所有的一切也就只是空谈而已。而彭士平先生，在很小的时候就在心底埋下了"环球梦"，正是因为他敢想，敢于"做梦"，因此他去过了30多个国家，还带领他的团队打开了旅游业发展新的大门。当你想朝着网络红人这条道路上走时，你就可以将成为网络红人当成你的梦想，进一步将这个梦想进行分解，如第一个月要学习什么样的内容，第二个月要拍摄多少的视频；要达到多少粉丝等，只有你将"把自己变成网络红人"作为你的野心，你的梦想，你的目标，你就会有足够的动力助推你走向网络红人。

脚踏实地，用心打造。两届冬奥男单花滑金牌得主羽生结弦曾说："努力会撒谎，但不会逃跑。"彼方尚有荣光在，从来就没有什么随随便便的成功，所谓运气就只是成功者的自谦，失败者的借口而已。在有一定目标的奠基之后，要有切实的行动。不然也只是浮于嘴上，空中楼阁一般，最后轰然倒塌，现实中有许多人他们自夸自己有很多本事，但是却从来没有踏出去，永远只是囿于自己口中小小的一方世界。而彭士平不仅仅对自己未来有一个清晰的认知，还敢于付诸实践，一步一个脚印打下了如今的商业版图。所以，说自己成功并不厉害，要能够敢想敢做的人才值得敬佩。可能很多时候我们觉得有些网络红人他们只是昙花一现，但就算这昙花一现也可能凝结了数不清夜晚的奋战。在《断头王后》里有句话，所有命运赠予的礼物，其实在暗中都标好了价格。因此，当你决定要成为一个网络红人之前，你就得明白一个道理："欲戴皇冠，必承其重。"

相信自己，坚信梦想。罗曼·罗兰曾经说过："相信自己，然后别人才能相信你。"作出一个决定后，要有一往无前的勇气，即使在最黑暗的时刻，如果你能够相信自己，你的心中也会散发出一束光，指引着你前进的方向。彭士平在疫情肆虐的时刻，众多旅游企业纷纷下马的时刻，却依旧坚信自己的决定，这一方面来自他对自我判断的信心，另一方面来自对于未来的美好期待。就像我们玩游戏的时刻，即使你不知道前路到底是怎样的，但是你带领着一支队伍，你得具有强大的内心，才能蹚过这一条黢黑的道路,迎接胜利的曙光!所以,如果你想成为网络红人,不仅仅只需要动手能力,还需要具有足够强大的心理承受能力,因为当你真正成为网络红人,活跃在镜头之下,也就意味着会有很多人会开始关注你;意味着会有许多网友开始扒你的黑历史;意味着各种八卦绯闻也会随之而来,没有过人的心理素质,是无法站在聚光灯下享受光环的围绕的。因此,要想成为一个出色的网络红人,你需要即使面对很多流言蜚语,面对重重质疑,依旧能够保持自我,拥有迎难而上的勇气!

抓住机会,把握机遇。时势造就英雄,这一句话一点儿也不假,无论是古代的白起,还是近代的爱因斯坦等,他们像一颗新星冉冉升起,都有赖于环境。那么现在这个社会中,环境也是成功一个必不可少的因素。无论是互联网时代还是5G时代,一方面,要有发现机会的敏锐的眼光;另一方面,还要有抓住机遇的时机。很多人其实也很努力,做事也很认真,往往有时候就是差点儿运气。彭士平能够在那么多人里面脱颖而出,有一部分原因在于他能够在2016年微商盛行时,将旅游和微商相结合,创造出"分享式旅游"。所以,要想成为一名网络红人,当机会来临时,一定要好好把握住,比如说当你有机会能够认识一些比较有名的网络红人,一定要学会展示自己,因为有时候他们在自己视频下@一下你或者说你能够出现在他们的视频之中,并且你能够比较讨网友的喜欢,那么距离你成为网络红人就会近了一大步。

多渠道传播,学会运营。彭士平就很好地做到了这一点,无论是和书店合作,打造个人IP,还是开创网红奇趣奶茶品牌等,最终目的都是通过这些方式提升自身的知名度。因此如果你已经成为一个比较小有名气且具有一定资本的网络红人时,你可以选择合适的传播平台,把你的内容制作成多种形式,比如文字、图片、音频、视频等。现在的传播平台也非常多,例如小红书、微博、微信公众号、抖音等,你需要通过这些平台不断向外辐射自己的魅力,扩大自己的影响力。比如赵露思等许多明星,她们就很善于利用这些平台,从而增加自己在各个平台的曝光度,达到进一步吸引各个平台的网友和巩固自己的粉丝的目的。这主要是因为每个人的个人喜好不一样,所以有些人喜欢用抖音,而有些人喜欢用小红书,进行多渠道的传播,有助于扩大自己的辐射面,增加自己的知名度,明星如此,网络红人亦如此。

家庭与事业兼顾的能量宝妈——何平

个人素描

出生于1991年的何平,大学毕业后,与朋友共同创办了一家教育机构,并在这个过程中赚取了自己人生中的第一笔财富。然而,在购置房屋、汽车,结婚生子之后,她作出了一个让人意想不到的决定——放弃人们眼中的"金饭碗",走出了自己的舒适区。

有人问她，成为母亲后，为什么会有勇气重新开始创业呢？她回答道，从受孕到女儿7个多月的时间里，她一直在思考着自己要做什么、对于自己的梦想有什么期许，同时也在考虑如何兼顾家庭和事业，如何给女儿乐乐高质量的陪伴。

她决定重新出发，这份勇气来自母亲这个身份。她不仅要做母亲，还要做真正的自己，因为她坚信，对孩子最好的教育就是让他们看见，你在努力成为更好的自己。

因此，她将自己的环球梦变成了事业，并且在女儿成长的过程中，带领她一起看世界。

何平是成功实现教育行业向旅游行业转型的典范，以她自己作为教育培训机构创始人的身份，她成功地开辟了旅游业的新领域，她更是一手家庭、一手事业，两手平衡地兼顾事业与家庭的职业女性。

在过去的6年里，何平凭借卓越的团队管理能力，打造了一支强大而杰出的团队，她用自身的正能量影响和激励了无数享梦游的成员。

目前，她担任享梦游科技股份有限公司总经理一职，是享梦游首批事业和管理双合伙人，引领着该公司26万用户实现找到自我、实现梦想，在把一切热爱旅游的旅游专业人变成专业旅游人这条道路上努力前行。

崭新出发，载梦而行

2014年，大学毕业的何平没有像大多数应届毕业生那样去应聘、找工作，看到长沙教育市场的她和朋友一起创办了教育培训机构。

在经营自己的教培机构的那几年里，何平发现了一个规律：每年的寒暑假，家长们都会带着孩子去旅游，读万卷书与行万里路并驾齐驱。这似乎是每个家长都愿意做的事情，也激发了她对旅游行业的兴趣。

2016年，何平从甜蜜的校园恋情走入了婚姻的殿堂，婚后不久便有了爱情的结晶。

2018年，教育机构的发展遇到了瓶颈，而此刻正处于哺乳期的何平开始逐渐萌发了转行的念头。

她说道：实体创业非常辛苦，几乎没有太多的自由时间，更少了陪伴家人的机会，而此刻的她，更加希望能够弥补自己童年的缺憾，能够高质量地陪伴女儿——乐妹成长。

在这个时候，偶然间看到了一个叫作"享梦游"的项目，它以分享式经济的形式在重塑旅游行业，共享办公空间，既没有实体创业的高风险、高投入，又能够解放自己，通过手机与专业的后勤服务团队就能实现对接与办公，并且还是自己心仪的旅游行业。

何平记得自己当时的心里想的就是：这是给予我的新机遇。

经过了解和考察，怀着学习的心态，选择了这项轻资产副业。作为一个热爱旅游的人，如今成了妈妈，也更加希望自己能够开启和探索一种不同的生活体验。

在成为享梦游的一员之前，何平的生活圈只有教师和学生两类人。但是，通过参与享梦游的社交旅行与线下活动，她积累了大量的社交关系，结交了各行各业优秀的朋友，他们或者外貌出众，或者才艺出众，或者勇敢坚韧，或者努力奋斗，或者追求自由……通过结交这些不同领域的优秀朋友，发现世界上有着如此多元化的生活方式和精彩。

她热爱这样的生活方式，于是在2019年初，她选择褪去自己原有的光环，以实习生的身份开始，在享梦游的总部入职，这一次她重新出发，怀揣梦想，带着一家人解锁新的生活方式。

迎难而上，闪闪发光

何平说，最初选择全职从事享梦游这份事业，有一部分原因是在开始这份副业的第三个月自己的收入达到了她曾经做教育培训时大半年的收入，毫无疑问，这令她对这个行业充满了信心。

加之看到身边的朋友们都因为享梦游而改变，她更加坚信了自己的选择，将自己的爱好变成了事业，开启了她全职享梦游的人生。

很多人都觉得事业和家庭是一个两难的选择题，尤其对于女性，然而，何平却坚信，在事业和家庭之间并不存在抉择，而是要找到平衡点。

在事业方面，她用一年的时间从实习导师晋升为享梦游副总，成为公司不可或缺的中坚力量。

她回忆起刚刚入职的时候，为了进一步提升自己的专业知识，努力学习市场营销和团队管理理论，积极参加各种培训课程。至今，她做洽谈导师时创下的纪录，仍无人超越。

而在生活中，她从不曾忽视家庭的重要性，她会将工作的收获当成睡前故事讲给女儿听，鼓励她勇敢追求梦想。每天上下班的路上，她与丈夫互相分享各自工作中的趣事和烦恼，互相支持和理解，她用行动告诉家人，无论事业发展如何，家人始终是她最重要的支持和依靠。

随着公司的版图不断扩大，何平也身为公司跑马圈地的高管团队成员进驻不同城市的市场。她经常在出差的路上忙碌，有时候刚哄女儿入睡，便要匆忙赶往机场，奔向另一座城市，为享梦游的用户提供最好的帮扶与支持。

她深知这是一个辛苦但充实的过程，但她从不畏惧困难和挑战，遇上休息日，先生会带上女儿来到她出差的城市，陪伴她一起工作，而她在工作之余，再带上先生和女儿一起参与到享梦游的社交活动中来，做到真正事业与家庭平衡，一边工作一边带孩子看广阔的世界。

无论是工作，还是生活中，都会遇到很多的问题，每当遇到问题时，她总是积极主动地解决，她的付出和奋斗，不仅为自己带来了成就感和满足感，也为公司和团队带来了积极的推动力。

元气满满，温暖输出

在大多数享梦游伙伴看来，他们的何总不仅是一位卓越的领导者，更是一个具备超凡魅力的人。

无论是公司内部同事，还是面向平台用户，何平总是能够以其温暖的笑容和亲切的待人态度，散发出一股神奇的亲和力。无论何平身处何地，她总能给人一种舒适和温馨的感觉。

作为一名领导者，何平不仅注重展现自己的专业素养，更加注重与团队成员之间的紧密联系，培养人才、孵化人才。

虽然育人从来都不是一件容易的事情，但她用心地看见每一个人，看见他们的优势与需求；真诚地倾听每个人的意见和建议，每一次沟通，何平总是以积极的态度和微笑回应，这让她成为许多人信任和倾诉的对象。

她出色的人际交往能力和善解人意的特质赢得了众多员工以及平台用户的敬爱，大家都愿意称她为温暖输出！

成功元素分析

从何平的很多阐述中，不难发现她的管理理念与育儿理念相通，都注重于培养个体的自主能动性、独立性与责任心。

在她的管理理念中，她强调激发员工的潜能和创造力，鼓励他们独立思考、主动学习，并为他们提供发展和成长的机会。

同样地，在她的育儿理念中，她注重培养孩子的全面发展，强调专注与坚持，给予女儿自主决策的机会。

此外，她的管理理念和育儿理念都强调以身作则的重要性。作为领导者，她注重自身的榜样作用，积极展示积极向上的行为和价值观，影响和带动团队成员的发展。同样地，在育儿过程中，她通过言传身教来引导孩子的成长与发展。

有人问过何平这样一个问题："如果您给自己加入享梦游后的这几年的成长找几个关键词，您觉得是什么呢？"她的回答是："真诚和用心，付出和坚持。"

高高山顶立，深深海底行，这些关键词不仅显示了她对工作的投入和对事业的追求，也体现了她的专业精神和自我提升的勤奋，更体现了她的人生态度。

人生路上，分享不断。

何平说，旅行教会人成长，在旅行中，和家人的感情也会进一步加深。

她说，虽然她在从事旅游行业的5年里，因为3年的疫情，所以去过的地方不算多，十几个国家，几十个城市和地区，但她保持着跟家人一起旅行的习惯，每一次旅行都可以走进当地人的生活，探索世界的奇妙与广博，也感叹人生的张力和多彩，通过旅行她明白了自己的渺小和平凡，也更珍惜当下，为人处世、内在修养都在不断提升。

每一次带女儿出行，她都会认真地做好规划，以便让女儿在不同的地方，感受到不同的文化、风景和人情世故。她相信，通过旅行，女儿可以更好地开阔眼界，培养勇于探索和适应环境的能力，同时也能够增进亲子之间的默契和亲密度，她把每一次与家人的旅程都分享在社交媒体上，因此吸引一大批宝妈粉丝，她们认可她的育儿理念与生活方式。

在旅行中，何平还发现了一个有趣的现象，那就是旅行可以激发人们的创造力和灵感。每当置身于陌生的环境中，她总能感受到一股蓬勃的能量，这种能量促使她思考问题的角度更加多元化，激发她寻找新的解决方案和创意的能力，旅行成为了她的灵感来源，帮助她在工作和生活中获得更多的启示和突破。

何平深信旅行是一条永不止步的路，在享梦游工作的这几年，无论是前端市场板块还是交付板块、后勤服务板块，每一个部门她都经手、负责过，她看到了享梦游作为社交旅行先行者的影响力，她希望能够追随创始人彭总去把这股新鲜血液融入旅游业，通过享梦游26万用户把成功的方法和路径复制给更多有想法、愿意创新的人，让旅游业得以革新，让旅游行业能够在经历了3年大创伤后让这个行业看到"90后"的力量。

无论是做教培机构还是在享梦游做管理，无论是在旅游的路上还是日常生活中，何平，一直在培育，一直在记录，在她的每一次分享中，也潜移默化地影响着许多的人。

她坚信，每一次旅行都是一个新的开始，旅行不仅是对外界的探索，更是对自我成长和提升的不断追求。

旅行不仅改变了何平的生活方式，她又通过自己的改变影响了身边的家人和朋友，很多粉丝把她视作标杆能量宝妈，而"宝妈"不仅仅是她有一个可爱的女儿，更是因为她在享梦游总公司的这几年，培育了数位优秀的管理者、团队长，他们又正在以何平的思想、理念持续地传递、复制下去！

何平说，我们一生都在追寻自己的梦想，她从未停下脚步，奔赴在山河与浪漫之间，在不辜负自己的岁月长河里，怀揣果敢与坚持，创新与裂变，用行动诠释着旅行教会人成长，分享工作生活的美好与感悟，影响人、改变人、帮助人变得更好。

简单相信，傻傻坚持——张毅

个人素描

2016年的张毅，大学尚未毕业，拿着3000元的月薪在一家公司实习工作，两点一线,过着朝九晚五的生活。她腼腆内向,也不那么爱说话,但她对外面的世界充满了无限向往和渴望。

短短几年,如今的张毅,已经发生了巨大的变化:透过瘦小的身体,看到坚毅、果敢的眼神;通过行走过无数国家和地区的足迹,看到这个二十几岁的女孩子有着不同于这个年纪的阅历和思考。这一切的变化都只源于简单地相信一个人、一份事业:彭士平和享梦游。

一个偶然的机会,张毅看到了学长彭士平的一条朋友圈,于是爽快地开启了自己旅游副业的人生,这一份轻投资,从此改变了她的人生轨迹。

如今的张毅,在享梦游蝉联5年销冠,被称作享梦游的半边天,是公司的第一位事业合伙人,作为一位"95后"的旅行博主,她已经经历了职业生涯的第9个年头,去过了无数个国家和地区,并且为2万以上的人提供过旅行咨询服务。

通过享梦游,她赚取了当初她从未想过的财富,同时,她也通过享梦游这个平台建立了广泛的人际关系,结识了许多朋友。张毅认为,所有的这一切都是她不断迭代和提升自己的结果。

在过去的几年时间里,她用心记录下每一次的旅行,每个国家和地区的风土人情,不断改进发布内容和增强自己旅游专业知识,提供更详细的旅行指南,分享更精彩的故事和经历,吸引了越来越多的关注者,也让许多粉丝都渴望参与有她在的旅程。

在享受旅行的同时,张毅也不忘记不断提升自己。她参加各种研讨会、培训课程,学习其他语言和文化,以增加自己的知识、提高自己的能力。她相信只有不断学习和进步,才能在竞争激烈的旅行行业立于不败之地。

现在的张毅已经成为一个旅行界的先行者,她仍然保持着对未知世界的无限向往,不断探索新的目的地,带给粉丝更多惊喜和启示的同时,也给年轻人呈现出一种全新的生活方式,她坚信自己的旅行经历可以改变一个人的眼界和思维方式,使他们更广阔和开放,她也坚信只要保持向往和努力追求,任何人都有可能改变自己的命运。

收入不同,看到的不同世界

张毅对自由的向往可以追溯到她幼时接受到严格教育的经历。当她离开家,踏入大学校园之后,她才开始真正意义上有了自己的生活。

她打工兼职、勤工俭学,努力攒下生活费,把钱花在旅游这件事上,因为于她而言,在旅程中,她能够感受到对自由的那份渴望终于得到满足。

她说,有一年暑假瞒着家人,揣着一个月打暑假工挣来的800元钱,跟同学来了一场说走就走的西藏游。

这次长达30天的穷游中,她们从长沙出发,一路蹭顺风车、徒步、睡帐篷、住青旅。让张毅记忆最深的是从张家界到贵阳段,为了节约经费,厚着脸皮蹭到了一辆运送水果的货车，一路上，挤在水果堆里，来到了贵阳。

对于那个时候的张毅而言，10元一晚铺位的青旅，用半天义工劳动换取的一份餐食，也是旅程中很大的一个部分，她不会想到，在往后的某一天，她的旅程不用再去刻意在意花销、为了省钱而琢磨几个小时攻略。

从事享梦游这份事业后，张毅说，最大的改变是收入方面，其次是自己的认知和社交圈。

做旅游后认识了很多优秀的朋友，让她接触到了一个更好的圈层。曾经有人说过，人在每个圈层看到的东西也是不一样的。张毅说，当她在一层时候，不以为然，直到她一层层地往上爬，见过每一层的风景，才真正的"身"有体会。

在无数次旅程中，张毅最记忆犹新的是第一次去斐济，并体验和鲨鱼一起潜水时，她感受到了新奇、震惊和快乐。

在潜水之前，只是通过电视和书籍看过鲨鱼，当她真正站在船上，准备下潜时，看到大大小小的鲨鱼围绕着大家，感到非常震惊，张毅说："它们的身姿和力量让我产生了深深的敬畏之情。从船上跳入清澈的海水中，并与鲨鱼游动在一起的那一刻，我感受到了前所未有的自由与快乐。"

张毅明白，穷游有穷游的快乐，在一间房住二十几个人的青旅里，听着呼噜声睡不着的时候，跟驴友谈天说地，吹牛皮，那也是快乐的一种，也是旅行的一种方式。

住度假酒店、学潜水、学滑雪、去跳伞、体验直升机……也是快乐的一种，不再纠结一趟行程的花销，只在乎自己是否深入体验，也是旅行的一种方式。

张毅说，直到真正地踏上旅程，才发现自己原来是一个对一切新鲜事物都感兴趣的人，并且非常愿意尝试，因为有些事物只有去经历才会懂得。

向上社交，发现优质社交圈

人生是一次精彩的旅程，而社交则是其中重要的一环。在大学期间，张毅是一个非常内向且逃避社交的人。然而，在一次次的旅程中，她开始慢慢打开自己。

做旅游后，每天打开朋友圈都充满了关于旅游的内容。这让她意识到以往身边的人们只关心家长里短的琐事，因此她对社交不感兴趣。如今，朋友圈里充满了诗意和对远方的渴望，仿佛一下子打开了新世界的大门。

在当下，传统跟团旅游已经满足不了"Z世代"的年轻人，旅游方式正在改变，种草行程、旅游综艺、游学更受欢迎，也是享梦游正在做的。说到享梦游的种草官旅程，从某种意义上来说，是因张毅而起。

每一次有她要去的行程，总是格外地容易满团，因为大家都愿意跟着张毅一起去旅行，不仅因为她性格温和、会拍照、懂穿搭，更因为她的IP效应。

于是，张毅便辅助公司与彭总，研发新旅游的出团方式：种草官旅行。简单来说，种草官并非导游和领队，她的强IP属性决定了这个团的格调，作为种草官的她主要负责整个团的氛围带动与兴趣定制融入其中。

而张毅参加的种草官的行程，毫无疑问是最受欢迎的。也正是在这一趟趟的旅程中，她感受到向上社交意味着与那些积极向上、有追求和有影响力的人建立联系。他们不仅能够给予我们灵感和动力，还能成为我们人生道路上真正的财富。

如果真的要谈论向上社交，那么张毅的第一次尝试就是主动联系享梦游的创始人彭士平先生。她永远都会记得，在一个午后，在朋友圈突然看到了大学校友彭士平发布的第一条关于享梦游的朋友圈动态。她的脑海中瞬间闪过一些想法，"既能旅游又能赚钱"。于是她立即从上铺坐起来，约他见面了解详情。凭借着简单的信任和对旅游和赚钱的单纯渴望，她加入了彭总的初创团队。

在很多公开场合，张毅都表达过，9年来，享梦游给予她的不仅仅是看得到的物质财富，更多的是精神财富。

其中最大的精神财富就是加入享梦游后，她迅速扩大了自己的社交圈子，拓宽了人脉资源。在张毅的团队中有各行各业的人才，她在旅行中结识了许多朋友。正如有句名言所说："旅行中最好的部分，就是你沿途认识的朋友。"也许存在年龄、性格、爱好和生活习惯的差异，但这并不妨碍彼此欣赏和相处愉快。他们可以促膝长谈，没有任何顾虑。张毅对享梦游让自己突破社交圈、结识一群可爱的人们深表感激。

现今越来越多的年轻人封闭在自己的生活圈子里，就算在城市中，有限的公共空间也无法打破人与人之间的隔阂。在这个数码时代，人们很难在一个地方真正扎根。而享梦游提供了一个恰到好处的场景，让更多年轻人通过旅行和活动相互认识，逐渐在这里扎下根来，并突破原本固有的社交圈，进入高质量的社交圈子。

成功元素分析

追光之人，必定会光芒万丈！

如果要用两个词来形容张毅，我想大多数认识张毅的朋友，一定会选择：坚持和专注。的确，她把彭总视为学习的榜样，她说，彭老板将长沙"恰得苦、霸得蛮、耐得烦"精神展现得淋漓尽致。

曾经在一次采访中，访问者问张毅：加入享梦游后对你的性格和工作态度有没有带来什么变化？

张毅是这样回复的：首先是心态上的变化，加入享梦游之前，我总是过多地否定自己，不能独立完成一件事情，遇到问题就想逃避，后面慢慢地有所成长，成为团队领导人，我现在首先想到的就是如何解决问题，甚至有点儿强迫症，就想着一定要把它做好，我的心理承受能力也变强了，懂得如何调整好自己的心态。

张毅回忆说，在自己9年的职业生涯中，印象比较深的是一位粉丝，她是一位刚毕业的女大学生，对自己的未来充满了迷茫，又对当下的自己充满了焦虑，想要开始一份事业，但又缺乏信任与立刻执行的魄力，但一直她都羡慕张毅有力量且自由的生活，所以也会隔三差五地咨询张毅，每一次她都得到了耐心的回答。张毅说，非常理解那位女孩当下的纠结与内耗，因为她所经历的一切，张毅都深有感触。张毅向她分享了自己努力向上的人生观，后来那位女生在体验了张毅组队的旅程后，面对面地感受到炙热的能量，于是选择追随张毅，不负众望，她几天便投资回本。

疫情3年，张毅不曾放弃旅游这份事业，协助彭总让享梦游在这3年时间里稳步成长。

有人问她，为什么不曾放弃，她说：因为在几年的旅游经营中，自己积累了丰富的人脉和资源，得以在危机来临时也能坚持下来。

她还说过，与其把时间浪费在选择上，不如踏踏实实地做好手头上的工作，付出比别人更多的努力，专心去做提高自己能力的事情，而这些终会化作自己最大的底气。

在张毅领导的团队中，有着700多位成员，其中以年轻人为主。这些年轻人被张毅积极向上、坚持专注的人生态度所吸引。她不仅是一位优秀的领导者，更是一个充满正能量的榜样。张毅的坚持和专注不仅给予了团队成员无穷的动力，也让他们敢于追求自己的梦想，并勇于挑战自我。

张毅的影响力远不止于此。她激励着每个团队成员不断进取，追求事业的成功。她教会了团队如何以坚定的信念面对困难和挫折，并以积极的态度解决问题。这种精神传承在整个团队中，每个成员都受到了她的鼓舞，在工作中发挥出更大的潜力。

张毅说，如果一定要跟二十出头的年轻人分享什么成功的经验，那一定是：人生没有白走的路，每一步都算数。

她鼓励更多的年轻人去旅行、去看世界、去丰富自己的世界观，去持续学习、去勇敢地追逐自己的梦想，她也鼓励更多的年轻人利用自媒体平台，去表达自己、表达自己的思想。

张毅说，永远感恩21岁的自己作出勇敢追梦的选择，而如今一直在路上就是对自己最好的感谢，永远相信每一个发奋努力的背后，必有加倍的赏赐。

终身学习的斜杠时间管理大师——伍欣

人物素描

TIPS：斜杠青年，指的是这样一类人：他们不满足单一职业和身份的束缚，而是选择一种能够拥有多重职业和多重身份的多元生活。这些人在自我介绍中会用斜杠来区分，例如：张三，记者/演员/摄影师。

第七章 / 九大网络红人背后的故事

终身学习是指社会每个成员为适应社会发展和实现个体发展的需要，贯穿于人的一生的，持续的学习过程。今天介绍的就是一位践行终身学习的斜杠教师：伍欣。

伍欣，女，湖南商务职业技术学院旅游管理学院副教授；

两个孩子的单亲妈妈；

文化和旅游部万名英才"双师型"教师；

国家旅游局名导师资库成员；

教育部高等职业教育旅游大类教学标准研制组专家；

人社部"研学旅行指导师"职业标准及配套教材编制专家；

首批湖南金牌导游工作室带头人、长沙导游协会副会长、国家高级导游；

知乎百万阅读量大 V。

第一次跨行学习：法律/旅游

伍欣大学本科阶段是在湘潭大学读的法律专业，2000 年，她参加了当时的律师资格考试，很遗憾，差了十几分没有考上。正在彷徨无措的时候，赶上导游资格证考试的报名，她报了名，通过短短 2 个月的学习，取得了导游证，从此，转行当了导游。

最初在张家界做地接导游的她，为政府完成了全国十大商业银行总行行长高峰会议等重要接待。2001 年，她回到长沙，为春秋旅行社、华天国旅等旅行社带团。2002 年，她成为老师后，仍然坚持兼职带团；2003 年通过考核成为中级导游；2011 年通过考试成为高级导游；2007 年通过长沙市旅游局推荐，担任长沙市旅游局导游协会副会长，连任至今；2015 年被湖南省旅游局推选，国家旅游局考核，进入国家旅游局名导进课堂师资库；2015 年，被国家旅游局聘请为旅游服务质量社会监督员；2018 年，成功申报文旅部万名旅游英才"双师型"教师项目。

第二次跨行学习：导游/教师

2002 年，有个机会摆在伍欣面前，她可以通过省人事厅招聘进入学校当老师。伍欣又自学取得了高校教师资格证，通过招考、试讲等环节，进入湖南商务职业技术学院教书。起初教授法律专业，因当时学校旅游专业的老师实践经验不多，学校听说伍欣老师曾经带团当过导游，就请她兼上旅游专业的部分课程，后来，干脆就让她担任了旅游专业的专职教师。主要教授课程为"旅游法规与职业道德""旅行社经营与管理""导游实务""旅游信息化应用""旅游产品设计"等。

与一般高校老师不同，伍欣老师在教学的同时，一直坚持带团，她觉得，自己不从事一线导游工作，就不知道导游的生存现状，不知道旅游市场的变化，也无法教出优秀的导游。

第三次跨行学习：实践/科研

进入高校后，就算是"双师型"教师，也有不小的科研压力。并非科班出身的伍欣老师经过多年努力，于 2016 年成功晋升为副教授。

从 0 到 1 成为旅游网络红人

在此期间，她主持多项省级课题，参与多个国家级课题。研学方面专著 2 本，实用新型专利 5 项，论文数十篇。主编如《研学旅行基（营）地建设与管理》（国家"十四五"规划教材）、《旅游信息化应用》（省级优秀教材）、《研学旅行指导师实务》、《旅游新媒体运营》、《定制旅游管家服务》等教材。获湖南省教师职业能力比赛一等奖 2 次，二等奖 2 次，三等奖 2 次，指导学生参加技能大赛获一等奖 1 次，二等奖 2 次，三等奖 1 次，创新创业大赛省级三等奖 2 次。2021 年参与教育部职成司《职业教育专业简介》和《职业教育专业教学标准》修（制）定专家组。

2018 年，她还成功申报了文化与旅游部"万名旅游英才"双师型项目，成为了被国家部委钦定的"双师型"教师。

第四次跨行学习：旅游法规 / 旅游信息化

初当老师时，伍欣由于有法律本科学习背景，又在中南林业科技大学读了生态旅游专业的研究生，属于法律 + 旅游的跨行业人才，所以自 2005 年起，就接受当时湖南省旅游局委托，参与撰写导游证考证《政策法规与职业道德》的教材，并参与出卷、阅卷、面试考官的工作。

十几年前，经常有培训机构找伍欣老师讲法律政策及政策影响下未来的旅游趋势，通过大数据对新业态、新趋势的研究，伍欣老师找到了一个新的方向：旅游信息化和智慧旅游。

她学习了北京大学的 MOOC，学会了视频拍摄，提高了 PPT 制作水平，还学会了视频的后期剪辑和制作，制作出来的微课获得了湖南省微课大赛个人大奖。她学习了信息化的教学，获得了信息化教学比赛省级奖项。还学习了如何在旅游行业应用各种信息化技术和手段，为此，伍欣老师主编了《旅游信息化应用》（省级优秀教材）一书，填补了国内空白，目前已有不少学校特地开设此课程，帮助学生了解并应对未来新业态下的旅游市场。2021 年出版《旅游新媒体运营》一书，2024 年出版《旅游新媒体运营实务》一书，继续为旅游 + 新媒体赋能。2025 年为多家旅行社和学校进行 AI 赋能旅游的系列讲座分享。

第五次跨行学习：专职教师 / 培训讲师

独乐乐不如众乐乐，学了这么多东西，伍欣老师也很愿意分享，除了在自己学校正常上课以外，还常常接受旅游行政机关和各类培训学校的邀请，外出讲课。

她担任了多年全国导游资格考试湖南考区现场导游考试的考官，2015 年进入国家旅游局名导进课堂师资库；2017 年受湖南省发展改革委、湖南省旅发委邀请，为 500 多名村干部进行培训授课；2017 年受国家旅游局云课堂邀请，担任全国金牌导游培训班培训教师……

现在她也常常"飞"出省外，在各省份进行国培、省培、行业等各方面的培训。

第六次跨行学习：职业女性 / 专职妈妈

在紧张繁忙的工作之余，如何处理好孩子与工作的关系，是很多已婚已育妇女头痛的问题。当了妈妈后，伍欣老师学习了大量发展心理学、儿童教育学的相关知识，坚持亲自育儿，没有与老人同住。她在知乎上回答的"如何培养儿童阅读习惯""如何给自己的孩子选择幼儿园"等，获得了数十万赞，被众多育儿公众号转载。她应幼儿园园长邀请，去幼儿园进行了培养小孩心得的家长讲座。

在二宝的产假期间，就带着两个孩子在泰国玩了半个月，后来全家陆续去了珠海、杭州、厦门、上海、香港、澳门、北京等地，2024年她一拖二自驾新疆24天……如何带孩子读万卷书，如何带孩子行万里路，如何带孩子进行科学小实验，如何和孩子一起讨论哲学，如何对孩子进行STEAM教育，如何带孩子感受诗意人生……都是她不断学习并实践的内容。

第七次跨行学习：导游/研学指导师

随着孩子一天天长大，伍欣每年都带孩子出门旅游，去杭州之前先给孩子讲白蛇传的故事，到了博物馆除了给孩子进行VIP一对一金牌讲解之外，还安排了寻宝游戏、历史大串联等活动，带孩子四季去田野考察农作物生长，去韶山接受红色教育，到文昌去看火箭发射……

2016年，她看到了教育部等11部门印发《关于推进中小学生研学旅行的意见》，觉得研学旅行是培养核心素养不可缺少的重要方式与途径。她学习相关研学政策，参与研学课程设计，投资研学企业，培训研学指导师，希望更多的孩子能通过研学指导师的带领，亲身参加许多亲近社会与自然的研学实践活动。

高校教书是教师，研学指导师也是教师，如何把教书育人与旅行活动结合在一起，如何让研学指导师工作更加专业和规范，都是伍欣老师现在研究和实践的内容。

第八次跨行学习：院校老师/企业家

理论学习总是离不开实践，在国家提倡创新创业的浪潮中，伍欣老师也积极投身于此。通过理论教学，增强实践能力，在旅游企业管理方面，她也身先士卒，起到表率作用。

2017年至今，伍欣老师为中国（湖南）自由贸易试验区、长沙城市发展集团、湖南省博物院分院大观仓艺术博物馆、长沙橘子洲、杜甫江阁、国家专精特新"小巨人"企业晓光汽车模具公司、我的韶山行、新疆和田团委、武汉商学院等多个单位、机构、研学基（营）地设计开发研学课程、培训研学人员。

2018年，她带领几位已毕业的优秀学生共同创业，创办了韶山知行研学旅行服务有限公司（注册资金600万元），在革命圣地韶山建立了能容纳千人食宿的研学实践营地，有着出色的业绩。该营地被2019年中央电视台"辉煌70周年"国庆特别节目报道，营地所处的银田村也于2019年7月，被文化和旅游部、国家发展改革委确定为第一批全国乡村旅游重点村。

2023年后，她另辟赛道，专做科技类研学课程设计，设计出带孩子去中国科学院研究所、到卫星发射中心、看托塔马克核聚变装置等硬核科技研学产品，也帮助许多科技馆、景区、工业企业等打造科技类研学课程。

第九次跨行学习：兴趣爱好广泛的中年妇女／新媒体达人

在工作和生活之余，伍欣常常用心记录这一切，也通过深刻反思和剖析自己得到提升。每次带娃出行，都拍摄亲子旅游成果视频在视频号上分享等。

但是她最后选择了知乎平台做为自己 IP 运营主平台，知乎是中文互联网高质量的问答社区和创作者聚集的原创内容平台，从冷启动期开始就营造了一个高质量服务、高格调的精英社区，用户在学历分布上体现为高学历者占多数。百度搜索权重高，长尾流量足。伍欣回答的几个问题，例如：如何为自己的孩子选择幼儿园？如何培养儿童阅读习惯？适合 3~6 岁小孩读的书有哪些呢？做单亲妈妈是一种怎样的体验？多个单帖阅读量上百万次。

第十次跨行学习：单亲双宝妈／时间管理达人

2022 年初，伍欣老师的爱人因病不幸去世，短暂的伤痛后，她继续精彩生活。

工作上，继续做好学校的教师工作，还加班参加省教师职业能力大赛、带领学生参加省技能大赛、创新创业大赛，并获奖；继续编写教材、专著、申报课题；继续在行业协会和企业兼职，还承接了许多研学规划课程设计项目。

生活上，她独自带着两个孩子，大娃还在读小学就能周末自己换乘两趟地铁上兴趣班，每天早上 6 点多自己起床上学，在学校尽量做完作业，回家自主学习，学习完全不需要家长插手。无论再忙，伍欣老师每周都会和孩子畅聊几次，关注青春期孩子的心理。小娃刚刚读小学，每次告诉他妈妈在加班，他会甜甜地说妈妈辛苦了，现在每天自己跳绳，写字，玩数学游戏，跟妈妈一起看了很多纪录片。每周、每月她都会带孩子去看望老人。

伍欣老师抽空在知乎上写了长帖"做单亲妈妈是种怎样的体验？"有 100 多万阅读量，超万点赞，2000 多条评论。另外还有多个单帖超过百万阅读量。

这是真正的时间管理大师！

记得我在高中的时候，大家都有一种想法，高中拼命努力，考上好的大学，读了大学就轻松了。到了大学之后，所有人都在说大学毕业到了社会上就再也不用学习了。可是当今世界，科技急速发展，由于知识更替迅速，旧知识很快就会被新知识取代，读一门学科绝不能一世无忧，我们必须要终身学习。

本书的第九位网络红人——你！

在这个充满无限可能的新时代，旅游不仅是一种休闲方式，更是一种生活态度，一种与世界对话的方式。本书的第九位网络红人，就是你！这不只是一个荣誉，更是一份使命，一份携手共筑梦想的邀请。

第七章 / 九大网络红人背后的故事

你，有着对未知世界的好奇和探索。

你，有着分享美好、传递温暖的热情。

你的每一次旅行，都是一次心灵的洗礼。

你的每一次分享，都能激发更多人追寻梦想。

让我们共同迎接旅游的新时代，用心感受每一处风景的独特魅力，用镜头捕捉每一个瞬间的精彩。你的声音，将被世界倾听；你的故事，将激励无数青年。勇敢前行吧！未来的网络红人，愿你的旅程充满阳光，愿你的梦想照亮四方！

一起加油，一起追梦，在旅游的道路上，我们永不孤单！